COSMAS VON PRAG
DIE CHRONIK BÖHMENS
I

COSMAS VON PRAG

DIE CHRONIK BÖHMENS

I

In Anlehnung an die Übertragung von Georg Grandauer neu übersetzt und eingeleitet von Franz Huf

Herausgegeben von Alexander Heine

PHAIDON

Gesamtherstellung: SVS, Stuttgart
Satz: Typobauer Filmsatz GmbH, Ostfildern 3
ISBN 3-88851-116-X

Inhaltsverzeichnis

Einleitung

1. Biographische und historische Annäherung an Verfasser und Werk

Sich ernsthaft mit »Geschichte« auseinanderzusetzen bedeutet, sich intensiv mit Quellen zu beschäftigen. Diese Quellenarbeit vollzieht sich – methodisch gesehen – in einem Dreischritt. Nach einer möglichst umfassenden Sammlung der Quellen zu einem Thema folgt deren Kritik, also die kritische Prüfung der Echtheit, schließlich dann die Auswertung der Quellen, das Gewinnen von Erkenntnis mit Hilfe der beiden fundamentalen Leitfragen: »Wie ist es gewesen?«, »Warum ist es so gewesen?«. Setzt sich der Historiker mit zeitgeschichtlichen Problemen auseinander, hat er zwar oft um die Einsichtnahme brisanter Akten zu kämpfen – sie unterliegen ja einem gesetzlich fixierten zeitlichen Schutz –, kann aber letztlich doch aus einer ziemlich umfangreichen Materialfülle schöpfen. Akten, ediert oder archiviert, Tagebücher, Memoiren und eine manchmal schier unübersehbare Flut an Sekundärliteratur gewähren eine solide, wenn auch teilweise schwierige Basis, historische Erkenntnisse zu gewinnen.
Mit welchen Voraussetzungen kann bzw. muß nun die Arbeit mit der mittelalterlichen Geschichte leben? Der Mediävist, egal ob Historiker oder Literaturwissenschaftler, leidet auf jeden Fall unter dem Mangel ihm zur Verfügung stehender Quellen. Zudem wird die historische Forschung noch durch

die oft recht schwierige philologische Erschließung des Textes erschwert. Welche Überraschungen – gerade bezüglich der Echtheit – hierbei zutage treten, hat der Historiker Horst Fuhrmann exemplarisch erstaunlich klar und überzeugend bewiesen[1]. Nicht minder problematisch gestaltet sich häufig die Erforschung des biographischen Hintergrundes einer mittelalterlichen Geschichtsquelle.
Welche »Hindernisse« stellen sich nun bei der Auseinandersetzung mit Cosmas von Prag und seinem Werk in den Weg? Auf einen nüchternen Nenner gebracht kann festgestellt werden, daß die Kenntnisse über Leben und Werk Cosmas' nicht durchgehend gesichert und manchmal eher schmal sind!

Das Leben des Cosmas von Prag

Bekannt ist das Datum seines Todes: der 21. Oktober 1125 n.Chr. Dieses uns erhaltene Datum dürfte unmittelbar nach seinem Ableben in die unvollendete Urhandschrift eingetragen worden sein. Da Cosmas selbst bei seinen Ausführungen zum Jahr 1125 – er arbeitete also bis an sein Lebensende – sein Alter von 80 Jahren einfließen läßt (»mihi iam octogenario«), ist sein Geburtsjahr 1045 leicht zu erschließen. Er entstammte einer angesehenen tschechischen Familie, möglicherweise aus dem

1 Horst Fuhrmann, Einfluß und Verbreitung der pseudoisiodorischen Fälschungen, 3 Bände, Stuttgart 1972–1974.

Umkreis des Prager Kapitelklerus. Eine schmale Notiz im III. Buch (III/51), die sich auf das Jahr 1123 bezieht, läßt diesen Schluß zu. Cosmas hatte einen Sohn Heinrich, dessen »cliens« Bertold als Jerusalempilger genannt wird. Wer nun aber »clientes« hatte, konnte sich als Lehnsherr – salopp gesagt – zum gehobenen Mittelstand zählen. Der Kleriker Cosmas, der sich in der Vorrede zu seinem Werk selbst als Domdekan bezeichnet (»Pragis ecclesiae decanus«), war verheiratet, da er in seinem Werk (III/43) für das Jahr 1117 den Todestag seiner Frau verzeichnet. Wenn 1122 im Wormser Konkordat der sog. Investiturstreit, in dem sich Kaiser und Papst wegen der Käuflichkeit geistlicher Ämter und der Kirchenreform, die letztlich auch eine Verfassungsfrage des Reiches war, eine Kraftprobe lieferten, ein vorläufiger Ausgleich gefunden wurde, so schien in Böhmen die Durchsetzung des Zölibats trotzdem immer noch keine Frage zu sein, die ja schon der heilige Adalbert, als er noch Bischof in Prag war (982–997), im Sinne der kanonischen Vorschriften vergeblich zu lösen versuchte (Vergl. I/29, Anm. 70). Cosmas war ein gebildeter und belesener Mann. Wiederum im III. Buch (III/59) seiner Chronik deutet er durch die Notiz, er habe unter dem Magister Franco in Lüttich Grammatik und Dialektik geübt, seine Bildung an. Eine genauere Datierung seiner Lütticher Zeit bleibt er schuldig, doch wissen wir von Siegebert von Gembloux (~ 1030–1112), daß Franco 1047 »scolasticus Leodicensium« war. Wenn die »doctores scolastici« ihren

Schülern die Universalität der mittelalterlichen Kultur nahezubringen versuchten, dürfte auch der Schüler Cosmas zumindest eine intensive theologische Bildung und eine Einführung in die antiken Schriftsteller vermittelt bekommen haben. Nach Prag zurückgekehrt – wir wissen nicht wann – machte er als Geistlicher Karriere. Er wirkte im engeren Umkreis des Prager Bischofs, wobei er vor allem Jaromir/Gebhard (Bischof von 1068–1090) im Streit mit dem herzoglichen, seit 1085 königlichen Bruder Wratislaw II. (1061–1092) treu ergeben war. So weilte er 1086 mit Bischof Jaromir/Gebhard bei Kaiser Heinrich IV., wo er als Augenzeuge miterlebte, wie Heinrich IV. den Amtssprengel des Prager Bistums urkundlich bestätigte. 1092 wohnte er in Mantua der Investitur des neuen Prager Bischofs, der auch den Namen Cosmas trug und der von 1090–1098 dieses Amt verwaltete, bei (II/50). Die Ordinierung in Mainz sah er gleichfalls als Augenzeuge. Cosmas, der Chronist, wurde selbst erst am 11. Juni 1099 zum Priester geweiht. Wenig später dürfte ihm auch das Amt des Dekans im Prager Domkapitel übertragen worden sein. Von einem offensichtlich für ihn persönlich sehr wichtigen Erfolg seiner Tätigkeit berichtet er dann noch etwas ausführlicher (III/33). Im Auftrag der Prager Domherren reiste er zum Herzog von Mähren, um erfolgreich auf dem Marktrecht der Prager in einem kleinen mährischen Ort zu bestehen.

Mag die Biographie auch recht lückenhaft sein, so zeigt sie doch, daß Cosmas im Umkreis des Prager

Bischofs eine einflußreiche Stellung bekleidete, die ihn möglicherweise als Berater auf den Reisen des Bischofs wiederholt in Erscheinung treten ließ. Zu der Generation von Klerikern, die auch im Umkreis des Herrschers als Berater Einfluß hatten, gehörte er jedoch nicht.

Das Werk Cosmas': die Chronik der Böhmen

Zunächst sei ein kurzes Wort zum Gattungsproblem vorangestellt. Die Völker nördlich der Alpen waren von Haus aus schriftlos und lernten die Geschichtsschreibung erst durch die antiken Völker des Mittelmeerraumes kennen. Der Anstoß, die Geschichte des eigenen Volkes aufzuzeichnen, mußte notwendigerweise von römischen Geschichtsschreibern kommen, die die Gattung der »origines« (Ursprünge) kannten. So entstand die Geschichte der Franken aus der Feder des Gregor von Tours (538/39–594), der aus provinzialrömischem Senatorenadel stammte. In diese Tradition sind die Langobardenchronik des Paulus Diaconus (~ 720–797) wie auch die Sachsenchronik des Widukind von Corvey (~ 925–973) zu reihen. Unschwer zu folgern, daß auch Cosmas' Böhmenchronik gattungsmäßig hier zu plazieren ist, da er ja die Geschichte Böhmens von den Anfängen, wobei er urzeitliche Paradiesvorstellungen zugrunde legt, bis in das Jahr 1125 aufzeichnet.

Der Gattungstyp »Volksgeschichte« ist allerdings

beim Cosmas-Werk bezüglich Anlage und Stil noch etwas zu modifizieren. Er selbst bezeichnet sein Opus als Chronik. Dieser Begriff meint eigentlich den Urtyp der christlichen Weltchronik und ist als Gegenstück zur rein profanen Weltgeschichte zu sehen (H. Grundmann). Sicherlich weist die Böhmenchronik Cosmas' heilsgeschichtliche Züge auf, ordnet aber zugleich die eigene erlebte Zeit selbstbewußt in den vorgegebenen Rahmen der Heilsgeschichte ein und versieht sie zusätzlich mit einer national-patriotischen Tendenz (im Werk finden sich wiederholt feindselige Anspielungen auf Deutsche und Polen). Die Art seiner Erzählung, die durch eingestreute Anekdoten, »Stories« und den breiten Formelschatz der mittelalterlichen Topos-Kunst recht lebendig wirkt, läßt die Chronik als literarisches Kunstwerk erscheinen. Andererseits folgt Cosmas einem annalistischen Prinzip – besonders deutlich wird der Charakter eines solchen Konzeptes u.a. in I/19 und 20 –. Annalen sind eine Form, die sui generis im Mittelalter entstand und ohne literarischen Anspruch nach einem streng chronologischen System Fakten aufzeichnet. Cosmas von Prag mischt die beiden Kompositionsmuster. Seiner mit literarischem Anspruch verfaßten Chronik legt er ein annalistisches Gerippe zugrunde, das er aber methodisch nicht streng durchzuhalten und mit Inhalt zu füllen vermag. Werfen wir nun einen Blick auf Inhalt und Ausgestaltung des Werkes!

Die Chronik besteht aus 3 Büchern. Das erste handelt die Urzeit ab und versucht, die böhmische Geschichte, soweit sie belegbar ist, von 894 bis 1034 (ab I/14; bei Cosmas 1038) zu erzählen. Das zweite Buch bearbeitet den Zeitraum von 1034–1093, das letzte Buch bricht, wie bereits erwähnt, 1125 im Todesjahr Cosmas' ab. Naturgemäß besitzen die Aussagen, die auf das unmittelbare Erleben des Autors zurückgreifen können einen präziseren Wahrheits- und Informationsgehalt als diejenigen, die Cosmas selbst nur auf der Basis mündlicher oder schriftlicher Tradition zu Papier brachte. Cosmas gibt dies auch am Ende des I. Buches (I/42) zu bedenken.

Ab wann sich Cosmas mit den Gedanken einer Chronik trug und wie seine diesbezüglichen Vorarbeiten aussahen, wissen wir nicht. Möglicherweise begann er damit, ein annalistisches Gerüst anzulegen, das er dann, wie die Widmungsbriefe belegen, zu einem literarischen Werk, das stilistisch seine Prägung durch die Lütticher Schule verrät, ausformulierte. Dies dürfte im Kern zwischen 1119 und 1122 geschehen sein. Cosmas handelt in seinem Werk eigentlich zwei Zeitalter ab: ein mythisches und ein historisch einigermaßen verifizierbares. Die Schilderung der Urzeit, des »mythischen Zeitalters«, wie es Palacky nennt[2], ist natürlich weit von einer glaubwürdigen Geschichte entfernt. Cosmas gesteht dies auch ein, wenn er in der Vorrede an Gervasius

2 Franz Palacky, Würdigung der alten böhmischen Geschichtsschreiber, Prag 1830, S. 20.

sagt, daß es ihm an Quellen fehlte, da ihm nur Volkssagen (»senum fabulosas narrationes«) geläufig waren, die er mit den baulichen Überresten, die er noch kannte, in einen Zusammenhang brachte. Wenn auch ohne großen Wert für die Erforschung der böhmischen Frühgeschichte, ist es doch interessant, wie sich ein Domdekan den paradiesischen Urzustand in Böhmen ausmalte (I/2), in einem Land, wo angeblich Milch und Honig flossen und Ungerechtigkeit für die Menschen ein Fremdwort war (I/3), wie sich Cosmas über die sog. Libussa-Sage (I/4 und 5) die Anfänge der Premysliden-Herrschaft als eine Art Strafgericht über den Sündenfall aus dem Hochmut der Bevölkerung vorstellte. Die geistige Nachbarschaft zum Sündenfall im Paradies ist unverkennbar. Die starke Anlehnung des Pragers an das Alte Testament zeigt sich besonders deutlich bei der Schilderung der unmittelbaren Herrschaftsbestellung der Premysliden, wenn sich Cosmas an das Buch der Könige (I Reg. 8) hält, wo die biblische Erzählung von der Entstehung der Königsmacht als Reaktion auf eine Art Aufruhr gegen Gott berichtet. Das erste Datum, das genannt wird, ist das Jahr 894 n.Chr. Ein historisch immer zuverlässiger Abriß der böhmischen Geschichte gelingt ihm trotzdem nur bedingt, da die Datierung Cosmas' wiederholt von den heute als gesichert geltenden Daten abweicht und die politische Geschichte wie die Kirchengeschichte nur punktuell erfaßt werden. Cosmas beschränkt sich wiederholt auf Querverweise, denen nur sehr schwer zu folgen ist, da seine eigenen Informationsquellen nicht mit letzter Sicherheit verifiziert werden können. Hier öffnet sich ein weites Problemfeld, das, um die Cosmas-Chronik richtig einschätzen zu können, kurz beleuchtet werden muß.

Im 15. Kapitel des I. Buches nennt der Autor selbst Quellen, die ihm zur Verfügung standen. Es sind dies: ein »Privilegium der mährischen Kirche«, ein »Epilog Mährens und Böhmens« und eine »Lebensbeschreibung Wenzels«, deren Identität aber nicht zweifelsfrei geklärt werden kann, wohingegen die beiden erstgenannten Quellen uns gänzlich unbekannt sind. Was die Wenzelsbiographie betrifft, könnte sich Cosmas auf die älteste lateinische Wenzelslegende des Gumpold von Mantua (~ 965–990) (Vergl. I/19 und 20) berufen haben, die Basis für viele Nachfolger wurde. Sicherlich konnte Cosmas nicht die »vita et passio s. Wenceslai et s. Ludmilae« heranziehen, die ein Mönch namens Christian verfaßt haben soll, da es sich hierbei – wie quellenkritische Untersuchungen ergeben haben – um eine Fälschung handelt, die möglicherweise erst aus dem 14. Jahrhundert stammt. Dieses Problem muß der Historiker, wie eingangs angeschnitten, stets im Auge behalten. Folglich ist auch der Aussagewert dieses »Pseudochristian« sehr zweifelhaft. Als Beleg für die Taufe des Böhmenherzogs Boriwoi durch Methodius ist diese Quelle auf jeden Fall abzulehnen (Vergl. I/10 Anm. 21). Der Historiker Josef Loserth hat bereits Ende des 19. Jahrhunderts eine Abhängigkeit Cosmas' von Regino von Prüm

(840–899) zweifelsfrei nachweisen können[3], was vor allem im I. Buch seinen Niederschlag findet (I/19 oder I/32). Sicherlich, und dafür spricht auch die Entscheidung Cosmas' für das annalistische Grundprinzip, konnte er die knapp gehaltenen Annalen der Prager Domkirche, die dort ab Mitte des 11. Jahrhunderts geführt wurden, benützen. Daß Cosmas allerdings diese Quellen eher als unverbindliche Unterlagen denn als Basis für eine lückenlose Erzählung der böhmischen Geschichte betrachtete, zeigt sein wiederholter Hinweis, all das übergehen zu wollen, was schon andere Geschichtsschreiber niederschrieben. Besonders deutlich wird dies bei seiner Beschäftigung mit der Geschichte des heiligen Adalbert (I/29 und 30), wo der Autor erklärt: »Ich finde es nicht gut, was schon gesagt wurde, zum zweiten Mal zu sagen!«. So gesehen mögen manche der benutzten Quellen im potentiellen Leserkreis der damaligen Zeit verbreitet und geläufig gewesen sein. Cosmas hat diese Unterlagen jedenfalls unsystematisch und teilweise nicht kritisch genug benutzt, worauf u.a. die oft recht eigenartige Datierung schließen läßt.

Da Cosmas von Prag die Arbeit des Regino von Prüm recht häufig zu Rate zieht, färbt auf ihn auch dessen zum Teil etwas manieriert wirkender Stil ab. Der in Lüttich theologisch und rhetorisch geschulte Cosmas bemüht sich auch sichtlich, seine erworbe-

3 Josef Loserth, Studien zu Cosmas, in: Archiv für österreichische Geschichte (61) 1880, S. 1–33.

nen fachlichen und stilistischen Kenntnisse einzubringen. Die Bibel (u.a. I/1 und 4), die lateinischen Klassiker (meist Horaz und Vergil, passim) und die lateinischen Kirchenväter (u.a. I/4 Anm. 9) werden für die Schilderung der böhmischen Frühgeschichte gerne paradigmatisch herangezogen. Die Lehrabsicht Cosmas' tritt besonders deutlich bei der Märtyrergeschichte der fünf polnischen Einsiedler (»Niemand kann zwei Herren dienen«, »Ihr könnt nicht Gott und Geld gleichzeitig dienen« I/38) und der Legende von der Aufnahme Kaiser Heinrichs II. in den Himmel (I/37) zutage.

Die wörtlichen Reden und Briefe (etwa I/23), die eingestreut werden, sind als rhetorische Einkleidung zu verstehen. Durch Wendungen aus eben diesem rhetorischen Gemeingut mittelalterlicher Historiker bleibt manche Aussage recht allgemein, wobei sich Cosmas des öfteren wiederholt (etwa bei den »Tugendspiegeln« I/22 und 40). Wilhelm Wattenbach führt dies auf die Lütticher Schule zurück »wohl aus Chrestomatien und ähnlichen Sammlungen«[4] stammend.

Cosmas pflegt ein gutes mittelalterliches Latein mit auffallender Freude an Wortspielen, wenn er sich in der Vorrede auch in Bescheidenheit übt und sich für die, wie er sagt, dürftigen Lateinkenntnisse förmlich entschuldigt.

Grundsätzlich bleibt das Denken des Prager Domde-

4 Chrestomatien: für den Unterricht zusammengestellte Textauszüge bekannter Autoren; vergl. Bertold Bretholz, Cosmas-Chronik der Böhmen MGH SS n.s., II S. 30.

kans der Tradition des mittelalterlichen »Ordo«-Gedankens verpflichtet, wobei der Fürst »dominus et dux« ist, dem man sich zur absoluten Treue verpflichtet. Die Chronik liest sich über weite Züge als die Geschichte der Herrscher. Wenn man auch diesen Aspekt bei der Lektüre der Chronik im Auge behält, läßt sich recht gut das Bewußtsein der mittelalterlichen Welt, dargestellt im literarisch-historischen Werk, herausfiltern.

Cosmas von Prag wird von den Historikern sehr unterschiedlich beurteilt, was hauptsächlich mit den ungelösten Problemen zusammenhängt. Josef Loserth führt beredt die Phalanx der Gegner an, da er sich primär am methodischen Vorgehen des Cosmas stößt, vor allem was dessen Verhältnis zu seinen Quellen betrifft. Er wirft ihm, auf die enge Abhängigkeit Cosmas' von Regino von Prüm anspielend, Plagiat und kunstloses Kopieren vor[5]. Im Gegensatz dazu liest sich Franz Palackys Urteil wie ein Panegyrikon, wenn er schreibt: »Sein Vortrag ist manieriert, subjektiv und dennoch anziehend, wie bei allen historischen Genies; denn überall tritt er uns lebendig entgegen, mit all seiner offenen Herzlichkeit, seinem gesunden männlichen Sinn und seiner spitzfindigen Gelehrsamkeit, seiner poetischen Phantasie und heiteren Geschwätzigkeit«[6]. Berücksichtigt man Palackys historische Umgebung – das Buch entstand 1830 – so ist das Geschichtsbuch selbst

5 Vergl. Anm. 3.
6 Palacky, S. 16.

wieder Geschichtsquelle. M. Hellmann mag als pars pro toto für die aktuelle Forschung stehen, wenn er feststellt, daß die Glaubwürdigkeit Cosmas aufgrund der archäologischen Funde wieder im Steigen begriffen sei[7].

7 Manfred Hellmann, Böhmen, in: Handbuch der Europ. Geschichte Bd. 1, hrsg. v. Th. Schieder S. 870.

2. Faktengerüst zum I. Buch der Chronik des Cosmas

Cosmas weiß über die Frühzeit nichts Konkretes zu berichten und wählt deshalb den paradiesischen Urzustand als Ausgangspunkt, den die Bewohner nach einiger Zeit offensichtlich nicht mehr zu schätzen wußten und somit die recht straffe Herrschaft der Premysliden »provozierten« (Kapitel 1–9). Cosmas zieht auch noch die Libussa-Sage und die Amazonen-Sage heran, weshalb man, wie erwähnt, vom »mythischen Zeitalter Böhmens« spricht.
Was weiß aber die neuere Geschichtsforschung über die böhmische Frühzeit zu berichten?
Funde bezeugen eine Besiedlung des böhmischen Gebietes seit der Altsteinzeit. Die verschiedenen Grabkulturen (Hügelgräber, Urnenfelder, fürstliche Wagengräber) belegen eine Siedlungskontinuität bis in die Römerzeit, in der es einerseits zu feindlichen Berührungen zwischen den Römern und den um die Zeitenwende in Böhmen lebenden Markomannen kam, andererseits aber auch aufgrund archäologischer Funde eine intensive Handelsbeziehung angenommen werden kann.
Die »interessante« Zeit beginnt auch für Böhmen mit der Völkerwanderung, die in ihrer Komplexität die ethnische und folglich auch die kulturelle Landschaft Europas veränderte. Böhmen durfte wohl in dieser Zeit Durchgangsland für die Völker aus dem Norden und Osten, die es nach Süden und Westen

zog, gewesen sein. So mischen sich etwa elbgermanische Keramikfunde mit solchen aus den östlichen Provinzen des Römischen Reiches, mit denen noch Wirtschaftsbeziehungen bestanden. Im Frühmittelalter dürften die Böhmen auch den Einfluß der Merowinger gespürt haben. Die für diese Zeit und Kultur bekannten Reihengräber finden sich nämlich auch in Böhmen. Inwieweit Böhmen damals, als sich neue Herrschaftsgebilde auszuformen begannen, eine eigene Herrschaftsstruktur hatte, bzw. wie intensiv die Kontakte zu den Reichen der Thüringer und der Langobarden waren, ist nicht genau bekannt. Präzisere Nachrichten gibt es erstmals aus der Karolingerzeit, als im Zusammenhang mit den Awarenkriegen Karls des Großen (768–814) ein Teil des karolinigischen Heeres Böhmen durchquerte. Die Kriegspolitik der Karolinger, die gegen die östlichen Nachbarn des Reiches zumeist Abschrekkungsfunktion hatte, traf 805 auch Böhmen, als das Land zwar verwüstet, aber nicht unterworfen oder gar missioniert wurde. Zumindest berichten die Quellen diesbezüglich nichts, wie auch die inneren Strukturen Böhmens bei den Historiographen kein besonderes Interesse fanden. Wahrscheinlich gab es zu Beginn des 9. Jahrhunderts eine Vielzahl politischer Verbände in Böhmen, ohne daß die politisch-herrschaftliche Ordnung genauer bekannt ist, die Fuldaer Annalen berichten lediglich für das Jahr 845 von der Taufe von 12 böhmischen »duces« in Regensburg. Die näheren Umstände bleiben aber verborgen. Die Herzöge, die Cosmas nennt (Kapitel 9–13), können heute nicht mehr verifiziert werden. Entscheidende Bedeutung für den Aufstieg der Premysliden kommt Boriwoi (850–895, vergl. Kapitel 14) zu, der mit Ludmila von Psow verheiratet war. Seine Dynastie regierte Böhmen bis 1306. Mag das Datum seiner Taufe umstritten sein (Kapitel 10), so gilt doch eine intensive Beziehung zu Regensburg – vor allem zum Kloster St. Emmram – als gesichert, von wo aus ja die römisch-christliche Mission in die Wege geleitet wurde. Die Patrozinien für die frühen Prager Kirchen weisen eindeutig nach Regensburg, während die spätere Bischofskirche unter das Patrozinium des hl. Vitus gestellt wurde, was wiederum auf stark sächsischen Einfluß schließen läßt. Vitus war der Patron des berühmten sächsischen Klosters Corvey. Auch der erste und der dritte Bischof der Prager Kirche (Thietmar und Theodag, vergl. die Kapitel 23 und 31) stammen aus Corvey. Daß Boriwois Söhne Spitihnew und Wratislaw Christen waren, darf ebenso angenommen werden wie das Christentum der Wratislaw-Söhne Wenzel I. und Boleslaw I., die dann in der Herrschaft folgten. Während der Regierungszeit Wenzels I., des Heiligen (921–929 oder 935), unterwarf der deutsche König Heinrich I. (919–936) in den Jahren 928/929 den Prager Herzog und verpflichtete ihn zu Tributzahlungen. Prag war nämlich schon Ende des 9. Jahrhunderts Herrschaftssitz und löste somit Levy Hradec ab. Die mächtige Burg mit Vorburgen, Kirchen und anderen Steinbauten zeugt von einer Machtfülle der Premysliden, die eindeutig zu

Lasten anderer böhmischer Geschlechter gehen mußte. Wenzel ereilte ein grausames Schicksal, da er der Mörderhand des Bruders zum Opfer fiel. Neben familieninternen Zwistigkeiten dürfte vor allem die Unterwerfung Wenzels unter Heinrich I. ausschlaggebend für die Gewalttat gewesen sein. Das Leben Wenzels wurde als Heiligenvita legendenhaft mystifiziert. Von Wundern an seiner Grabstätte berichtet neben Cosmas (Kapitel 19) auch der Sachse Widukind. Der Brudermörder Boleslaw I. (929/35–967/72) betrieb seinerseits eine energisch antisächsische Politik, die in mehrjährigen Kämpfen ihren Niederschlag fand, ehe Otto I. (936–973) die Bindung Böhmens an das Reich wieder festigte. Widukind bezeichnete daraufhin Boleslaw als »servus fidelis« (treuer und nützlicher Diener), wodurch ein Vasallitätsverhältnis ausgedrückt wird.

In diesem Zusammenhang ist darauf hinzuweisen, daß Böhmen in dieser Zeit nie Bestandteil des Reiches war wie etwa die Stammesherzogtümer, sondern bei wechselnd starkem Abhängigkeitsverhältnis eine slawische Herrschaft sui generis blieb. »Der deutsche König besaß in Böhmen weder Reichsgut noch Reichministerialen, noch hielt er im Lande den üblichen Königsumritt, womit er andernorts de facto die Herrschaft anzutreten pflegte. Ebenso gab es kein echtes Reichskirchengut in Böhmen«[8]. Als Otto I. 955 auf dem Lechfeld die Ungarn besiegte

8 Friedrich Prinz, Böhmen im mittelalterlichen Europa, München 1984, S. 73

und sein imperiales Kaisertum begründete, waren auch 1000 Böhmen im Heer. Da Boleslaw jetzt die Rückendeckung des Kaisers hatte, konnte er daran gehen, seine innerböhmische Position zu sichern, indem er die Ambitionen der übrigen Dynasten zunichte machte. Die Slawikniden in Ostböhmen waren das bekannteste Opfer einer Politik, die auch sein Sohn Boleslaw II. erfolgreich fortsetzte. Die nicht immer klar strukturierten Aussagen Cosmas' zu dieser Auseinandersetzung (Kapitel 27 und 29) bedürfen einer kleinen Ergänzung. Boleslaw II. drängte auf eine kirchenpolitischen Loslösung von Regensburg und die Gründung eines eigenen Bistums, dem am sächsischen Kaiserhof auch grundsätzlich stattgegeben wurde. Nach dem Tod des ersten Bischofs, es war der Sachse Thietmar, folgte auf Betreiben Boleslaws der Slawiknide Vojtech, der heilige Adalbert (982–997). Dies war eine Geste des Ausgleichs. Nach der Resignation Adalberts als Bischof und seiner Flucht nach Rom (Kapitel 29) spitzte sich der Konflikt zwischen Premysliden und Slawikniden erneut zu, was mit der Vernichtung letzterer endete. Die Einigung Böhmens war erreicht, wenn auch mehr mit dem Schwert als durch die Diplomatie. Die Herzogsgewalt schuf sich nun einen zentralistisch organisierten Herrschaftsunterbau mit strenger Abhängigkeit anderer Geschlechter von Prag. Das zerstörte Libitz – Hauptsitz der Slawikniden – wurde Sitz eines Prager Burgvogtes. Boleslaw II. starb 999, die Herrschaft seines Sohnes war aber »nicht mit dem gleichen Glück und Ge-

schick« (Cosmas I/34) gesegnet wie die seines Vaters. Die Premysliden-Herrschaft geriet ernsthaft in Gefahr. Boleslaw III. wollte zunächst seine Brüder als potentielle Rivalen ausschalten. Jaromir wurde verstümmelt, Udalrich sollte getötet werden. Die Flucht nach Bayern rettete beiden das Leben. Zudem brach Boleslaw III. eine militärische Auseinandersetzung mit dem mächtigen Geschlecht der Wrissowici vom Zaun, die ihn selbst zur Flucht zwang. Sein Schicksal erfüllte sich schließlich, als er nach Polen reiste – Boleslaw Chrobry, der Polenherzog, hatte den Böhmen Boleslaw III. wieder nach Prag geführt, wo er unverzüglich die Häupter der Wrissowici ermorden ließ – und dort von Chrobry geblendet wurde, da sich dieser wiederum Hoffnung auf Böhmen machte.
Kaiser Heinrich II. (1002–1024) vertrieb Chrobry schließlich aus Böhmen, nachdem dieser ihm für Böhmen keinen Lehenseid leisten wollte. Herzog Jaromir wurde vom Kaiser eingesetzt, mußte aber Heerfolge auf einem Polenfeldzug leisten (Cosmas I/34/35). Jaromir wurde bald von seinem Bruder Udalrich vertrieben. Als dieser sich erdreistete, einer Einladung zu einem Hoftag Konrads II. (1024–1037) nicht Folge zu leisten, ersetzte ihn dieser wieder umgehend durch Jaromir, dem es aber an Durchsetzungsvermögen fehlte, so daß der Kaiser daran dachte, eine Doppelherrschaft der beiden Brüder einzurichten, Udalrich ließ jetzt jedoch seinen Bruder Jaromir blenden. Schließlich folgte Bretislaw I. (1034–1055). Beredt beschreibt Cosmas im

letzten Kapitel des I. Buches die Trauerklage Jaromirs am Sarg des Bruders Udalrich, der ihm doch das Augenlicht geraubt hatte. Mit Jaromirs Rede bei der Inthronisation Bretislaws, wo er dem jungen Herzog zu einer moderaten aber vorsichtigen Amtsführung riet, rundet Cosmas sein I. Buch ab.

Noch zu Lebzeiten seines Vaters Udalrich gelang es Bretislaw, die Polen auch aus Mähren zu vertreiben. Als Alleinherrscher über Böhmen und Mähren empfing er 1034 seine Herrschaft als Reichslehen.

Hinweise zum weiterführenden Selbststudium:

Die hier vorgelegte Übersetzung basiert auf der kritischen Textausgabe von Bertold Bretholz, Die Chronik der Böhmen von Cosmas von Prag, MGH SS n.s. 2, Berlin 1923.
Ein Einarbeiten in die mittelalterliche Geschichtsschreibung erleichtert Herbert Grundmann, Geschichtsschreibung im Mittelalter, Göttingen ³1978, ein kleines Bändchen, das einen Auszug aus der »Deutschen Philologie im Aufriß« darstellt und einen imponierenden Überblick über Gattungen, Epochen und Probleme der Historiographie im Mittelalter bietet.
Wer den wissenschaftlichen Einstieg in die mittelalterliche Geschichte Böhmens sucht, greift zur Abhandlung von Karl Richter im Handbuch der Geschichte der Böhmischen Länder, Band 1 Stuttgart 1966. Manfred Hellmann steckt im Handbuch für Europäische Geschichte, Band 1, Stuttgart 1976 auf wenigen Seiten und doch sehr informativ die Grundzüge Böhmens bis zum Jahr 1034 ab. Eine sehr lesenswerte, die neuesten wissenschaftlichen Erkenntnisse einarbeitende Darstellung der böhmischen Geschichte von den Anfängen bis zum Übergang der Herrschaft von den Premysliden auf die Luxemburger zu Beginn des 14. Jahrhunderts gelingt Friedrich Prinz in seinem Buch Böhmen im mittelalterlichen Europa, München 1984. Als quellenkundliche Einführung in den Umkreis des Wer-

kes von Cosmas sei dringend das Standardwerk von Wilhelm Wattenbach und Robert Holtzmann, Deutschlands Geschichtsquellen im Mittelalter, Die Zeit der Sachsen und Salier – Teil 2, Neuausgabe besorgt von F.J. Schmale, Darmstadt 1967 empfohlen.

Chronologische Übersicht (soweit für Buch I relevant)

Deutsche Könige/Kaiser	Böhm. Herzoge	Prager Bischöfe
	Boriwoi 850–894	
	Spitihnew 895–905	
Heinrich I 918–936	Wratislaw I 905–921	
	Wenzel I 921–929/35	
Otto I 936–973	Boleslaw I 929/35–967/72	
Otto II 973–983	Boleslaw II 967/72–999	Thietmar 973–982
		Voitech/Adalbert
Otto III 983–1002	Boleslaw III 999–1002	(d. Heilige) 982–997
	Wladiwoi 1002–1003	Theodag 998–1017
	Bol. Chrobry 1003–1004	
Heinrich II 1002–1024	Jaromir 1004–1012	
	Udalrich 1012–1033	Ekkart 1017–1023
Konrad II 1024–1037		Izzo 1023–1030
	Bretislaw I 1034–1055	Severus 1030–1067

Die Herzöge von Böhmen

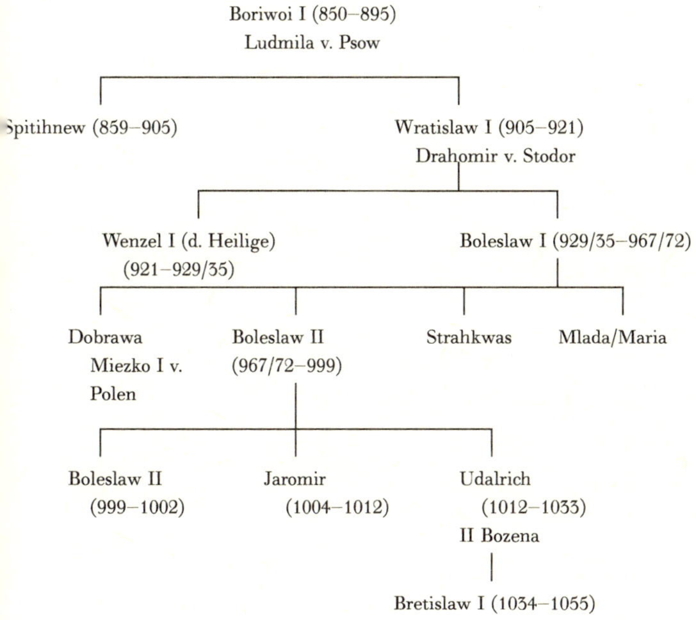

In diese Übersicht wurden nur die für das I Buch der Cosmas-Chronik relevanten Personen aufgenommen.

Buch I

Prolog, dem Probst Severus von Melnek gewidmet

Cosmas von Prag, der nur dem Namen nach Dekan der Prager Kirche ist, wünscht dem Herrn Severus, Probst der Kirche zu Melnek, einem herausragenden Wissenschaftler und Denker nach vollendetem Lebenswerk die himmlische Krone. Gott allein kann bezeugen, mit welcher Ergebenheit und Wertschätzung ich Euch verehre. Mit Worten sie auszudrükken ist mir nicht möglich, denn die Wertschätzung, die der Mensch mit seiner Vernunft erfassen kann, ist gering. Die wahre Liebe zu einem Menschen hat nichts Eigenes, Geheimes oder Verborgenes, das sie nicht dem mitteilen darf, dem sie vorbehaltlos gilt. Hätte mich eben diese nicht so stark bewegt, hätte ich es nie gewagt, meine senilen Albernheiten einem so angesehenen Mann anzubieten. Ich habe nämlich immer wieder darüber nachgedacht, was ich an Angenehmem oder Kurzweiligem bieten könnte, aber ich konnte nichts Lächerlicheres finden als dieses kleine literarische Werk. Lächeln wir schon milde, wenn wir jemanden sehen, der mit seinem Fuß an einen Stein stößt, wieviele Ungereimtheiten und Grammatikfehler werdet Ihr in meinem Werk finden. Mögen Euch nun diese Spielereien eines Greises gefallen oder nicht, ich bitte Euch, sie niemandem sehen zu lassen.

Gleichermaßen an den Magister Gervasius als Widmung zu dem nachfolgenden Werk

Ich, Cosmas, dieses Namens unwürdig, aber doch ein Diener unter den Dienern Gottes und des heiligen Wenzel entbiete mein Gebet und meine Wertschätzung dem sehr gelehrten Herrn Gervasius, dem Meister aller freien Künste und Wissenschaften. Mit dem Erhalt dieses Büchleins sollst Du folgendes wissen: Ich überreiche Dir eine Chronik der Böhmen, ohne rhetorischen Schliff, sondern ganz einfach geschrieben und kaum mehr der lateinischen Norm würdig, damit Du mit Deinem Kenntnisreichtum sie prüfen mögest. Möglicherweise wird sie nach Deiner kritischen Prüfung gänzlich verworfen und von niemandem gelesen. Falls sie aber für lesenswert erachtet wird, bitte ich Dich innigst, daß sie von Dir überarbeitet und in besseres Latein gebracht wird. Allein daß Du, durch göttliche Weisheit Begnadeter, oder andere durch Weisheit und Wissen Hervorragende diese Chronik benützen, um der Nachwelt ein Zeugnis ihrer Fähigkeiten abzulegen und sich einen bleibenden Namen zu machen, entlohnt mir die mühevolle Arbeit. Deshalb begann ich meine Erzählung mit den Ureinwohnern Böhmens und lege das wenige, das ich durch mündliche Tradition erfuhr, allen wohlmeinend Interessierten vor, nicht um Lob zu erhalten, sondern damit die Geschichte nicht vergessen werde. Ich freue mich über das Lob wohlgesonnener und interessierter wie kundiger Menschen, scheue aber auch den Tadel der Unwissenden und Übelwollenden nicht. Ich weiß nämlich, daß es einige Eifersüchtige geben wird, die höhnen und sich halb totlachen werden, wenn sie dieses Werk sehen. Diese bemühen sich eifrig, andere abzuwerten, ohne selbst etwas Brauchbares hervorzubringen. Von ihnen sagt der Prophet: »Sie sind klug genug, um Böses zu tun, Gutes aber können sie nicht tun.«[1] Sie sehen mit Luchsaugen darauf, was Falsches gesagt wurde oder wo sich mein ermüdender Geist geirrt hat, und prägen es ihrem Innersten gleichsam wie einem Diamant ein. Was soll's! Auch der überragende Homer ermüdete mitunter. Folglich fürchte ich weder den neidischen Tadel dieser Leute, noch berühren mich aber ihre ironischen Schmeicheleien angenehm. Wer Lust hat, diese Chronik zu lesen, der lese, wer nicht, unterlasse es. Wenn Du aber, liebster Freund, mich, Deinen Freund schätzst, bereite Dich, nimm Wasser, Stein und Feder, um Überflüssiges zu streichen, Fehlendes zu ergänzen und Falsches zu berichtigen, damit meiner Ungeschicklichkeit durch Deinen kenntnisreichen Esprit geholfen wird. Ich schäme mich nämlich nicht, mich von einem Freund verbessern zu lassen, ja ich bitte sogar ausdrücklich darum.

Dieses erste Buch aber enthält die Geschichte Böhmens bis zur Zeit Bretislaws, des Sohnes von Herzog

1 Jeremias 4,22.

Udalrich, soweit ich sie in Erfahrung bringen konnte[2]. Die früheste Zeit arbeitete ich erst in die Zeit Boriwois, des ersten katholischen Herzogs, ein[3], da ich nichts Spekulatives an den Anfang dieses Buches stellen wollte und keine Chronik finden konnte, um über Ereignisse aus dieser Zeit zu erfahren, worüber Du in den folgenden Blättern lesen wirst. Lebe wohl! Auf Deinen Rat hin werde ich entweder intensiv beginnen, das Übrige zu erzählen, oder ich werde einhalten und mein unbrauchbares Unternehmen aufgeben.

Lebe jetzt wohl und gehe mit Zuneigung daran, worum ich Dich gebeten habe.

Diese Chronik wurde verfaßt während der Regierungszeit des römischen Kaisers Heinrich IV., als Papst Calixtus die Kirche Gottes leitete, zur Zeit des Böhmenherzogs Wladislaw und des Prager Bischofs Hermann[4], wie auch im folgenden jedem, der es wissen will, klar wird, in welchem Jahre des Herrn und wann genau dies alles geschehen ist.

2 Herzog Udalrich 1012–1033; Herzog Bretislaw I. 1034–1055.

3 Herzog Boriwoi I. 850–895.

4 i.e. Heinrich V. (1105–1125). Cosmas zählte nur die Kaiser, nicht aber die Könige, so daß Heinrich I. (919–936) wegfällt; Papst Calixtus 1119–1124; Herzog Wladislaw I. (1109–1117 und 1121–1125); Bischof Hermann (1099–1122).

Kapitel 1

Als nach der Sintflut vermessene Leute mit dem Turmbau begannen, teilte ein göttliches Strafgericht – wegen eben dieser unerlaubten und frevelhaften Tat – die Menschen, unter denen sich etwa 72 Stammväter befanden, in genauso viele Sprachstämme[5]. Wie wir weiter aus der Geschichte wissen, irrte jeder von diesen ziellos umher. Sie zerstreuten sich in alle Welt und vermehrten sich – in ihrer Vielfalt – von Geschlecht zu Geschlecht. Ihre Körpergröße nahm dabei stetig ab. Die Menschen verbreiteten sich also nach dem Willen des Allmächtigen so sehr über die Erde, daß sie nach vielen Jahrhunderten schließlich auch in diese Teile Germaniens kamen. Wenn auch in jenem nördlichen Gebiet zwischen Don und Okzident allenthalben einzelne Gegenden einen besonderen Namen tragen, wird diese Region in ihrer Gesamtheit dennoch Germanien genannt. Das haben wir berichtet, um unserem Thema näherzukommen. Ehe wir mit der eigentlichen Geschichte beginnen, wollen wir versuchen, die Lage Böhmens und die Herkunft seines Namens zu erörtern.

5 In Anlehnung an die Geschlechterregister der Nachkommen Noes; Genesis 10, 32.

Kapitel 2

Folgt man der geometrischen Einteilung der Erdoberfläche, bedeckt Asien die eine Hälfte, Europa und Afrika zusammen machen zusammen die andere Hälfte aus. In Europa liegt Germanien, ein Land, das nach Norden hin ausladend wirkt und überall von einer hohen Bergkette umschlossen ist, wobei es den Anschein hat, als ob es sich um ein und denselben Berg handle, der das Land schützend umgibt. Dieses Land war damals von einer ausgedehnten Waldfläche bedeckt und menschenleer. Gleichwohl war es durch das Summen der Bienen und den Gesang der Vögel belebt. Tiere des Waldes gab es so zahlreich wie Sterne am Himmel, unzählbar wie Sand. Ungestört zogen sie ihre Kreise, wobei das Land ihre Menge kaum fassen konnte. Zahlenmäßig reichten sie aber nicht an die Rinderherden heran, obwohl sie in der Häufigkeit sommerlicher Heuschreckenschwärme auftraten. Die Gewässer waren glasklar und für den Menschen nutzbar, der Verzehr der Fische war ein Genuß. Wundersam und ein Indiz für die Höhenlage dieses Landes ist die Tatsache, daß kein Fluß von außen in dieses Land strömt. Alle Flüsse, ob groß oder klein, die auf verschiedenen Bergen entspringen, sammeln sich in der Elbe und fließen in die Nordsee. Und weil dieses Land damals noch brach lag und kein Mensch kam, um es zu kultivieren, schweigen wir lieber über Ertrag bzw. Unfruchtbarkeit, anstatt zu berichten, worüber wir nichts wissen. Welche Leute nun auch immer – die Zahl ist unbekannt – in dieses einsame Gebiet gekommen sind, sie suchten Siedlungsräume. Nachdem sie Berge, Täler und die weiten Ebenen mit kritischem Blick geprüft hatten, nehme ich an, daß sie die ersten Wohnsitze in der Gegend des Georgsberges zwischen Eger und Moldau errichten und froh waren, ihre Hausgötter, die sie auf Schultern mitgetragen hatten, hier aufzustellen. Dann sprach der Älteste der Einwanderer: »O meine Gefährten, die ihr mit mir mehr als einmal harte Belastungen in diesen unwegsamen Wäldern erduldet habt, haltet jetzt an und bringt euren Hausgöttern ein Dankopfer dar. Mit deren wunderbarer Hilfe seid ihr in das Land gekommen, das euch vom Schicksal vorherbestimmt war. Ein Land, das ich euch, wie ich mich erinnere, oft versprochen habe, welches niemandem untertänig verpflichtet ist, reich an Wild und Geflügel, wo Milch und Honig fließen und eine angenehme Luft weht, wie ihr selbst spürt. Überall gibt es zahlreiche und fischreiche Gewässer. Hier wird es euch an nichts fehlen, da euch niemand in die Quere kommt. Weil nun aber dieses so große und so schöne Land euch gehört, denkt über einen geeigneten Namen für dieses Land nach.« Alle antworteten unverzüglich, wie durch eine göttliche Eingabe belehrt: »Welchen geeigneteren und besseren Namen als Böhmen könnten wir finden, da du, unser Vater, Boemus heißt.« Darauf küßte der Älteste, bewegt und erfreut über die Worte der Seinen, den Boden, der nach seinem Namen benannt werden sollte. Als er wieder aufstand, erhob er seine Hände zum Himmel und begann wie folgt zu sprechen: »Sei gegrüßt, uns vom Schicksal bestimmtes Land, von uns so heiß ersehnt und seit der Sintflut menschenleer. Bewahre und behüte uns Einwohner gleichsam als Gedenksteine deiner früheren Einwohner und vermehre unsere Nachkommen von Geschlecht zu Geschlecht!«

Kapitel 3

Würde man aber zu schildern versuchen, welche Sitten die damals Lebenden hatten, wie ehrbar, schlicht, wunderbar, rechtschaffen, treu und barmherzig sie waren, wie bescheiden, nüchtern und enthaltsam, würde man bei der heutigen Generation, die genau das Gegenteil von all dem zu tun pflegt, sehr anstößig wirken. Deshalb übergehen wir das und wollen nur weniges, aber durch Überlieferung Gesichertes über den Charakter jenes ersten Zeitalters berichten. Es war eine überaus glückliche Zeit. Genügsam, ohne falschen Stolz, noch nichts vom maßlosen Genuß wissend, aßen die Menschen Eicheln und Wildbret. Reines Wasser diente ihnen als labendes Getränk. Wie die Sonnenstrahlen und das frische Wasser gehörten ihnen Felder und Wälder gemeinsam, aber auch die Frauen galten als Gemeingut. Vergleichbar mit den Tieren des Waldes gingen sie jede Nacht eine neue Liaison ein und lösten die Bande leidenschaftlicher Liebe bei aufsteigender Morgenröte. Sobald jemanden unterwegs die Nacht überraschte, legte er sich in das Gras und erquickte sich durch den tiefen Schlaf unter dem Schutz eines Baumes. Wolle, Leinen und Kleider kannten sie nicht, nur im Winter benutzten sie Felle und Pelze. Auch das Wort »mein« war ihnen nicht geläufig, vielmehr hieß, wie in der klösterlichen Gemeinschaft, alles »unser« – und danach richteten sich Wort und Tat. Für ihre Ställe hatten sie keine Schlösser, ihre Türen blieben keinem Notleidenden verschlossen, weil es weder Diebe und Räuber noch Bedürftige gab. Die schwersten Verbrechen waren für sie Diebstahl und Raub. Sie hatten keine anderen Waffen als Pfeile, die sie nur zur Jagd verwendeten. Wie ging es dann weiter? O Schmerz! Glück wandelte sich in Unglück, Gemeingut in Eigentum. Die Sicherheit der Armut, die sie früher schätzten, verachteten und verwarfen sie wie ein mit Fäkalien beschmutztes Wagenrad, weil in allen die Habsucht noch schlimmer war als das Feuer des Ätna. Durch die Verbreitung dieser und ähnlicher Übel wurden die Zustände immer schlimmer. So etwa die Ungerechtigkeit, die – früher völlig unbekannt – wenn sie wirklich anzutreffen war, erduldet wurde, da es weder Richter noch Fürst gab, denen man die Klage hätte vortragen können. Später dann traf man sich ohne Beamte und Vorladung freiwillig bei dem, den Verhalten und Besitz als herausragendste Persönlichkeit des Bezirkes auswiesen, und verhandelte in völlig zwangloser Atmosphäre über Streitfälle und erlittene Ungerechtigkeiten. Unter diesen Persönlichkeiten befand sich ein Mann namens Crocco[6], dessen Namen die Burg trägt, die noch im Wald an der Grenze zum Bezirk Stibrcne auszumachen ist. Er war ein für seine Zeit unermeßlich reicher Mann mit scharfsinnigem Urteilsvermögen, bei dem nicht nur die Menschen seines Bezirkes zusammenkamen, sondern Bewohner der ganzen Provinz wie die Bienen im Bienenhaus, um Rechtsfälle entscheiden zu lassen. Dieser überragende Mann hatte aber keine Söhne, sondern drei Töchter, die eine Intelligenz besaßen, wie sie von der Natur sonst nur Männern gegeben wird.

Kapitel 4

Die älteste von ihnen hieß Kazi. Sie war in der Pflanzen- und Zauberkunde weder der Medea von Kolchis noch in der Heilkunst dem Päonius unterlegen, denn es gelang ihr ziemlich oft, die Parzen von ihrem tödlichen Wirken abzuhalten. Und selbst das Schicksal mußte ihr gehorchen, weshalb die Einwohner, nur wenn wirklich etwas unwiederbringlich verloren war, das Sprichwort kannten: »Selbst die weise Kazi bringt es nicht wieder zurück.« Als sie starb, legten die Bewohner des Landes ihrer Herrin zu Ehren einen besonders stattlichen Grabhügel an, der noch heute am Ufer der Mies, am Weg, der über

6 Dessen Identität ist umstritten. Möglicherweise eine freie Erfindung Cosmas'.

den Osseca in den Bezirk Bechin führt, zu erkennen ist.
Tetka, die zweitgeborene Tochter war eine Frau von scharfer Intelligenz. Zwar blieb sie unverheiratet, verdiente aber das gleiche Lob wie ihre Schwester. Sie erbaute sich die nach ihr benannte Burg Tethin, die auf dem Gipfel eines zum Fluß hin steil abfallenden Felsmassivs uneinnehmbar stand. Diese Frau lehrte das sehr einfältige Volk, die Oreaden, die Driaden und Anadriaden[7] zu verehren und anzubeten. Sie führte häretische Lehren und blasphemische Brauchtümer ein. Noch heute gibt es viele Bauern, die wie die Heiden sind, wobei der eine Wasser oder Feuer, der andere Haine, Bäume und Steine anbetet, dieser auf Bergen oder Hügeln opfert, jener selbst gefertigten, tauben und stummen Götzen Verehrung erweist, um Schutz für sich und seine Heimat zu bitten. Die dritte und jüngste Tochter hieß Libussa und war noch weiser als die anderen. Sie erbaute sich eine sehr mächtige Befestigung in der Nähe des Waldes, der in die Richtung des Bezirkes Stibrcne weist, und gab ihr den Namen Libosin. Sie war eine geradezu bewundernswerte Frau, erteilte weise Ratschläge, argumentierte luzide, lebte enthaltsam und sittlich einwandfrei, übervorteilte in Rechtsstreitigkeiten niemanden, war gegen alle freundlich und liebenswürdig, eine wahre Zierde des weiblichen Geschlechtes, die die Ge-

7 Nymphen.

schäfte der Männer souverän handhabte. Weil aber niemand vollkommen ist, – typisch menschlich –, war diese großartige Frau eine Wahrsagerin. Nach dem Tode ihres Vaters wurde sie mit Zustimmung aller zur Richterin gewählt, da sie dem Volk die Zukunft häufig zutreffend vorhergesagt hatte. In dieser Zeit entstand zwischen zwei Männern, die durch Herkunft und Reichtum herausragten und zu den Großen des Volkes zählten, ein heftiger Streit um die Grenze zwischen zwei benachbarten Grundstücken. Sie steigerten sich beide in solche Rage, daß sie, unter schlimmen gegenseitigen Vorwürfen, gegeneinander tätlich wurden. Sie kamen nun tobend und lärmend zur Gerichtsstätte und traten mit der Bitte vor die Herrin und Richterin, ihren Streit nach Recht und Gerechtigkeit zu entscheiden. Diese lag nach der Art kecker, selbstbewußter Frauen, die keinen Mann haben, den sie fürchten, gleich einer Wöchnerin auf den Ellbogen gestützt im weichen und reich geschmückten Bett. Nachdem sie ihrer Amtspflicht nachgekommen war, und die anliegende Streitsache ohne Rücksicht auf die Person entschieden hatte, schüttelte der Unterlegene – vor Zorn bebend – mehrmals den Kopf, stieß, wie es typisch für ihn war, dreimal mit dem Stock auf den Boden und geiferte: »O welche für Männer unerträgliche Schmach! Eine schwache Frau spricht mit arglistigem Hintergedanken Recht, was doch Sache der Männer ist. Wir wissen genau, daß eine Frau, mag sie nun stehen oder auf einem Throne sitzen, wenig von der Materie versteht, um wieviel weniger

ist dies der Fall, wenn sie im Bett liegt. In der Tat ist dies eher der Platz, den Besuch eines Mannes zu empfangen als Kriegern Recht zu sprechen, denn es gilt als gesichert, daß alle Frauen lange Haare, aber wenig Verstand haben. Es ist für einen Mann besser zu sterben, als dies zu ertragen. Die Natur hat uns dem Spott anderer Völker und Stämme preisgegeben, weil uns ein Mann als Richter fehlt und wir unter der Herrschaft einer Frau leiden.«
Die Herrin überspielte die Beleidigung, verbarg schamhaft den erlittenen Schmerz im Innersten, lächelte und sprach: »Es ist so, wie du sagst. Ich bin eine Frau und lebe wie eine Frau. Weil ich aber nicht mit unbarmherziger Härte Recht spreche und ihr euch deshalb nicht fürchtet, verachtet ihr mich mit Recht, denn offensichtlich gibt es nur dort respektvolle Ehrerbietung, wo die Furcht herrscht. Jetzt ist es aber an der Zeit, daß ihr einen Herrn bekommt, der stärker als eine Frau ist. So wie ihr mich, so haben einst auch die Tauben den kleinen Sperber, den sie sich zum König erwählt hatten, verschmäht und den viel stärkeren Habicht proklamiert. Dieser begann unter Vorwänden, schuldige und unschuldige Tauben zu töten. Seither frißt der Habicht Tauben. Geht jetzt nach Hause. Denjenigen, den ihr morgen als eueren Herrn wählt, werde ich heiraten«. Inzwischen rief sie ihre Schwestern herbei, die nicht weniger aufgebracht waren. Man muß wissen, daß sie (Libussa) mit deren und der eigenen magischen Kraft dem Volk immer wieder Schnippchen schlug. Denn Libussa selbst war – wie

erwähnt – eine Wahrsagerin wie Sybilla von Cumae, die andere eine Giftmischerin wie Medea von Kolchis, die dritte eine Zauberin wie Circe von Aia. Was die 3 Eumeniden[8] in jener Nacht insgeheim berieten und beschlossen, wurde am folgenden Morgen allen klar, als Libussa Ort und Namen des noch unbekannten Herzogs benannte. Denn wer hätte geglaubt, daß sie sich einen Herzog vom Pfluge wegholen würde? Oder wer hätte gewußt, wo der pflügte, der Herr des Volkes werden sollte? Aber was weiß eine Wahrsagerin nicht? Oder was bringt Hexerei nicht zustande? Konnte doch Sybilla den Römern ihr Schicksal fast bis zum Tag des Endgerichtes prophezeien. Wenn man es glauben darf, hat sie sogar von Christus geweissagt, wie ein gewisser Kirchenlehrer in seinem Predigtkonzept die Sybilla betreffenden Verse des Vergil auf die Ankunft Christi bezog[9]. Konnte doch Medea Hyperion und Bericinthia[10] oft vom Himmel herunterlocken, hatte Macht über Regen, Blitz und Donner und konnte den König Eiacus vom Greis zum Jüngling zurückverwandeln. Durch den Zauberspruch der Circe wurden die Gefährten des Odysseus in verschiedene Tiere verwandelt und der König Picus in einen Specht. Wen wundert da noch etwas? Was brachten

8 Griechische Rachegöttinnen.

9 Nach Vergil Eclog. IV. an Pollio Eusebius oder Augustinus, nach Migne Patrol.Lat. VIII, 456 bzw. XXXV, 2089.

10 Hyperion: Titan, Sohn des Uranos.

nicht in Ägypten die Magier Wundersames zustande, die durch ihre Wunderkraft fast so viele Wunder wirkten wie Moses, der Diener Gottes, aus göttlicher Kraft. Soviel für jetzt!

Kapitel 5

Wie befohlen wurde ohne Verzug für den folgenden Tag eine Volksversammlung einberufen. Nachdem alle gekommen waren, redete Libussa, die etwas erhöht auf einem Thron saß, das einfache Volk folgendermaßen an: »O du erbärmliches Volk! Du bist unfähig, frei zu leben und verschenkst nachlässig die Freiheit, die ein tapferer Mann höchstens unter Einsatz und Verlust seines Lebens opfert. Du lieferst dich freiwillig ungewohnter Knechtschaft aus. Du wirst es dann vergeblich bereuen, so wie es einst die Frösche taten, als die Wasserschlange, die sie sich zur Königin gewählt hatten, anfing, sie aufzufressen. Wenn ihr aber die Rechte eines Herzogs nicht kennt, werde ich versuchen, sie mit wenigen Worten zu umreißen!
Es ist besonders einfach, einen Herzog einzusetzen, aber schwierig, ihn wieder abzusetzen. Denn solange es noch in euerer Macht steht, ihn einzusetzen, ist er euch untertan, habt ihr ihn aber erst einmal eingesetzt, unterliegt ihr mit Hab und Gut seiner Machtvollkommenheit. Bei seinem Anblick werden euch die Knie schlottern, und die Zunge wird euch am Gaumen kleben bleiben. Redet er

euch an, werdet ihr aus Furcht kaum die Worte »Ja Herr, ja Herr« stammeln können, während er selbst lediglich durch einen Wink diesen ohne Prozeß verurteilt, jenen verstümmelt, einen anderen in den Kerker werfen und wieder einen anderen hängen läßt. Wie es ihm gefällt, wird er einige von euch zu Sklaven, Bauern oder Leibeigenen, einige zu seinen Beamten, zu Folterknechten oder Fronboten, andere zu Köchen, Bäckern oder Müllern machen. Er wird sich auch Heerführer und Hauptleute auswählen, Verwalter, Wein- und Ackerbauern, Schnitter, Schmiede und Kürschner. Euere Söhne und Töchter wird er in seinen Hofstaat aufnehmen, von eueren Ochsen, Pferden und übrigen Tieren jeweils das Besthaupt für sich und seinen Hof reservieren. Die ertragreichsten Höfe, Felder, Wiesen und Weinberge wird er konfiszieren. – Was soll ich euch noch länger aufhalten? Halte ich denn diese Rede nicht, um euch zu erschrecken? Wenn ihr auf euerem Vorhaben besteht und euerem Vorhaben nicht untreu werden wollt, werde ich euch den Namen des Herzogs und den Ort, wo er sich im Augenblick befindet, bekannt geben.«

Darauf entstand im einfachen Volk ein konfuser Lärm. Schließlich forderten sie unio sono einen Herzog. Libussa sprach, während sie mit den Fingern in die Richtung der Berge wies: »Seht, hinter diesen Bergen gibt es einen mittelgroßen Fluß namens Bila, an dessen Ufern das Dorf Staditz liegt. In dessen Gemarkung befindet sich ein frisch gerodetes, noch herrenloses Land, je 22 Schritte lang wie breit[11]. Dort ackert euer Herzog mit zwei Ochsen. Einer von diesen hat einen weißen Gürtel und einen weißen Hals, der andere trägt ein weißes Fell vom Kopf bis zum Rücken und hat weiße Hinterfüße. Wenn ihr wollt, so nehmt jetzt mein Reitpferd, die einem Herzog würdigen Gewänder und meinen Mantel, um meine und euere Botschaft dem Manne zu bringen, der euer Herzog und mein Ehemann sein soll. Der Name dieses Mannes ist Premisl, und er wird sich verschiedene Rechte über euch hinweg ausdenken. Dieser Name bedeutet nämlich im Lateinischen »ausdenken, ausklügeln«. Seine Nachkommen werden dieses Land bis in Ewigkeit und darüber hinaus regieren«.

Kapitel 6

Es wurden inzwischen Boten benannt, die diesem Mann die Befehle der Herrin und des Volkes bringen sollten. Als die Herrin sah, daß sie zögerten, weil sie den Weg nicht wußten, sagte sie: »Was zaudert ihr? Folgt getrost meinem Pferd, es wird euch den rechten Weg hin und zurück weisen, da es ihn schon wiederholt gegangen ist«.

Ein Gerücht und nichtiges Gerede behaupteten, daß die Herrin selbst immer bei stiller Nacht gespenstische Ausritte unternahm und vor dem ersten Schrei

11 »Königsfels« nach Palacky, Geschichte von Böhmen I S. 87.

des Hahnes zurückkehrte, was der Jude Apella[12] glauben mag.
Was soll's! Die Boten gingen, indem sie dem Pferd folgten, unbewußt richtig und fanden den rechten Weg, ohne ihn zu kennen. Schon waren sie jenseits der Berge, nahe dem Zielort, als ihnen ein Knabe begegnete, den sie fragten: »Sag, lieber Junge, heißt dieses Dorf nicht Staditz und wohnt dort nicht ein Mann namens Premisl?« Der Knabe antwortete: »Dies ist das Dorf, das ihr sucht, und dort auf dem Feld treibt Premisl die Ochsen zur Eile, um schneller das Tagwerk zu vollenden.« Die Boten gingen zu ihm hin und sagten: »Glücklicher Mann, dich haben uns die Götter zum Herzog bestimmt.« Da sich einfache Leute üblicherweise nicht begnügen, ihr Anliegen nur einmal vorzutragen, wiederholten auch sie mit lauter Stimme: »Sei gegrüßt, Herzog, sei gegrüßt Würdevoller! Spanne jetzt deine Ochsen aus, wechsle die Kleider und besteige das Pferd.« Sie zeigten ihm die Kleider und sattelten das Pferd. »Unsere Herrin Libussa und das ganze Volk lassen dir ausrichten: Komme schnell und übernimm die dir und deinen Nachkommen angetragene Herrschaft. Unser ganzer Besitz und wir selbst sind in deiner Hand, dich bestimmen wir zum Herzog, Richter, Lenker und Beschützer, dich alleine wählen wir zu unserem Herrn.« Als er die Worte vernommen hatte, blieb der kluge Mann stehen, als ob er über die Zukunft noch nicht Bescheid gewußt hätte,

12 Nach Horaz Sat. I, 5, 100.

stieß den Stock, den er mitführte, in den Boden, spannte die Ochsen aus und befahl diesen: »Geht hin, wo ihr hergekommen seid!« Sie verschwanden sofort und waren nie mehr gesehen. Der Haselstock, den er in den Boden gerammt hatte, trieb drei lange Zweige und, was noch mehr verwunderte, trug Blätter und Nüsse. Die Boten standen regungslos da und staunten, als sie das sahen. Dann lud der Mann zum Essen ein. Aus einer Basttasche suchte er ein schimmeliges Brot und Käse hervor, legte die Tasche – als Ersatz für einen Tisch – auf die Wiese, breitete ein Tuch darüber und stellte das übrige darauf. Während sie nun aßen und Wasser aus einem Krug tranken, verdorrten zwei Zweige des Stockes. Der dritte aber wucherte hoch und breit, worüber die Gäste erneut staunten und sich langsam fürchteten. Der Mann fragte sie: »Was staunt ihr? Ihr sollt wissen, daß aus unserem Geschlecht viele Herren hervorgehen werden, aber immer nur einer die Herrschaft hat. Wenn nun aber eure Herrin in dieser Angelegenheit nicht so entschlossen gehandelt, sondern das nahende Schicksal tatenlos erwartet hätte, hätte euer Land so viele Herren gehabt wie die Fürsten Söhne.«

Kapitel 7

Darauf zog der Bauer das fürstliche Gewand und königliches Schuhwerk an und bestieg das Pferd. Dennoch nahm er, als Erinnerung an seinen bisherigen Stand, seine mit Bast vernähten Bauernschuhe mit und befahl, sie aufzubewahren. Diese werden noch heute und für alle Zeit auf dem Wischehrad in den Gemächern des Herzogs aufbewahrt. Es ist auch eine Tatsache, daß es die Boten zu Beginn des längeren Rückweges nicht wagten, vertrauensvoll mit ihrem Herren zu reden. Wie aber die Tauben eine fremde Taube, die sich zu ihnen gesellt, anfangs etwas fürchten, während des gemeinsamen Ausflugs diese jedoch kennenlernen, akzeptieren und schätzen, so ergriff einer der Boten beherzt das Wort, nachdem sie eine Weile geritten waren, sich über Belangloses unterhalten und mit Scherzen die Zeit und die Mühsal der Reise vertrieben hatten: »Sag, Herr, warum hast du uns befohlen, deine Bastschuhe aufzubewahren, die man doch bestenfalls wegwerfen sollte? Wir können uns darüber nur noch wundern.« Darauf antwortete er: »Ich habe und werde sie deswegen aufheben, damit unsere Nachkommen immer daran denken, woher sie gekommen sind, damit sie immer in wacher Sorgsamkeit leben und nicht die ihnen von Gott anvertrauten Untertanen aus Arroganz widerrechtlich unterdrükken, da wir doch von Natur aus alle gleich sind. Nun sei aber mir eine Frage erlaubt: Ist es ruhmvoller, aus der Armut zu hohen Würden zu gelangen oder umgekehrt? Ihr werdet zweifelsohne antworten, daß es besser sei, in eine ruhmvolle Position aufzusteigen als in Bedürftigkeit hinabzusinken. Nun gibt es aber einige Adelige, die in schändliche Armut und Elend verfielen. Wenn diese anderen erzählen, daß ihre Vorfahren berühmt und mächtig waren, wissen sie aber genau, daß sie selbst dadurch in noch schlechterem Licht erscheinen, weil sie durch ihre Unfähigkeit verloren haben, was jene mit Fleiß erarbeitet hatten. Das ständige Spiel des Glücksrades erhebt den einen auf den höchsten Gipfel, den anderen reißt es in den tiefen Abgrund. Deshalb geht irdische Herrlichkeit, die einstmals Ruhm gebracht hatte, mit Schimpf und Schande zugrunde. Die Armut aber, die mit Fleiß überwunden wird, verbirgt sich nicht in einem Wolfspelz, sondern erhebt den zu den Sternen, den sie anfangs in den Abgrund gezogen hatte.«

Kapitel 8

Als sie kurz vor dem Ende ihrer Reise schon fast wieder bei der Burg waren, eilte ihnen die Herrin mit ihrem Gefolge entgegen. Nachdem sie sich voll Freude begrüßt hatten, begaben sie sich in die Burg, setzten sich bequem zu Tische und genossen ein Festmahl. Den Rest der Nacht versanken sie in den Armen der Venus und des Hymenäus[13].

Dieser Mann, der wegen seiner Tüchtigkeit und Autorität zu Recht ein Mann genannt wurde, zähmte das wilde Volk durch Gesetze, bändigte die Unbezähmbaren und brachte sie in die Knechtschaft,

13 Göttin der Liebe und Gott der Hochzeit.

unter der sie heute leiden. Alle Gesetze, die heute Rechtskraft haben, erließen er und Libussa alleine.

Kapitel 9

Während so die ersten Gesetze entstanden, orakelte die Herrin, getrieben von ihrem Innersten, in Gegenwart ihres Gemahls Premisl und anderer hervorragender Männer des Volkes: »Ich sehe eine Stadt, deren Ruhm bis zu den Gestirnen reicht, die jetzt noch ein Dorf ist, dreißig Meilen von hier im Walde gelegen am Ufer der Moldau. Im Norden schützt in einem tief eingeschnittenen Tal ein kleiner Bach namens Brusnice die Stadt, im Süden liegt ein auffallend hoher Berg, der wegen seiner Felsen Petrin genannt wird[14]. Er hat die Form eines Delphins bzw. eines Meerschweinchens und reicht mit seinen Ausläufern bis zu dem kleinen Bach. Wenn ihr dort hin kommt, werdet ihr mitten im Wald einen Mann aufspüren, der an der Türschwelle für sein Haus arbeitet. Weil sich auch groß gewachsene Herren beim Überschreiten der Türschwelle bücken müssen, nennt die Stadt, die ihr dann gründen werdet, Prag[15]. In dieser Stadt werden einmal zwei Ölbäume wachsen, deren Wipfel bis in den »Siebten Himmel« reichen und in der ganzen Welt durch Zeichen

14 St. Lorenzenberg; es ist hier von dem links der Moldau gelegenen Teil der Stadt die Rede, der der Sage nach von Libussa gegründet wurde.

15 Prag: böhm: »Schwelle«.

und Wunder glänzen werden. Die Stämme Böhmens und auch die übrigen Völker werden diese durch Opfergaben würdevoll verehren. Einer von diesen beiden Bäumen heißt »Große Ehre«, der andere »Heerestrost«[16].

Libussa hätte sicherlich noch mehr geweissagt, wenn nicht der Orakelgeist vor der Erscheinung Gottes geflohen wäre. Man begab sich anschließend sofort in den besagten alten Wald, und nachdem man die prophezeiten Zeichen dort angetroffen hatte, wurde Prag, die Hauptstadt ganz Böhmens, erbaut.

Weil damals die jungen Mädchen völlig frei aufwuchsen, wie die Amazonen bewaffnet waren und Anführerinnen aus ihrem Kreis wählten, gleich den jungen Männern Kriegsdienst leisteten und in den Wäldern zur Jagd gingen, ließen sie sich nicht von den Männern wählen, sondern suchten sich in freier Wahl die Männer selbst aus. Wie bei den Skythen unterschieden sich Frauen und Männer durch die Kleidung gerade nicht. Das kecke Selbstbewußtsein der jungen Mädchen verstieg sich dazu, auf einem Felsen nahe der genannten Stadt für sich eine gut befestigte Burg zu errichten. Als die jungen Männer dies bemerkten, sammelten sie sich empört in noch größerer Zahl und legten auf dem anderen Felsen, der nicht weiter entfernt lag, als der Schall eines Trompetenstoßes reicht, eine Befestigung an, die

16 Gemeint sind die Heiligen Wenzel und Adalbert in allegorischer Vorausdeutung.

heute Wischehrad heißt, damals aber wegen des wild wuchernden Gestrüpps Hrasta[17] genannt wurde. Krieg und Frieden bestimmten das nachbarliche Zusammenleben, da teils die List der jungen Mädchen, teils die Stärke der Männer erfolgreicher war. Nach einer Einigung über einen Waffenstillstand kamen sie überein, drei Tage lang ohne Waffen ein opulentes Fest bei Spiel, Speis und Trank zu feiern. Was geschah dann?

Die jungen Männer gingen mit den Mädchen gleichsam in der Absicht der Wölfe, heimlich bei Nahrungssuche in den Schafsstall einzufallen, zu Tische. Den ersten Tag verbrachten sie mit einem lukullischen Gelage. Doch löschten die jungen Männer den Durst nur, um nach anderem zu dürsten. Sie konnten kaum die Nacht erwarten, um ihren sexuellen Bedürfnissen freien Lauf zu lassen. Endlich wurde es dunkel, und der Mond leuchtete am klaren Nachthimmel. Plötzlich stieß einer in sein Horn und gab seinen Freunden ein Zeichen, indem er sagte: »Es ist genug gegessen, getrunken und gespielt. Steht auf, Venus ruft euch mit tonendem Sistrum«[18]. Sofort nahm sich jeder ein junges Mädchen. Nachdem am anderen Morgen Frieden herrschte, nahmen sie Speisen und Getränke mit aus ihrer Burg und zündeten die verlassenen Gemächer an.

Seit jener Zeit und dem Tod unserer Fürstin Libussa

17 Böhm. »Chrast«: Gesträuch.

18 Altägyptisches Rasselinstrument; vergl. Vergil Aen. VIII, 696.

stehen die Frauen unter der Herrschaft der Männer. Da aber das Schicksal allen bestimmt, dahin zu gehen, wohin einst Numa und Ancius[19] gingen, starb auch Premisl, nachdem er Recht und Verfassung gegründet hatte, im hohen Alter und wurde zu Pluto, dem Schwiegersohn der Ceres entführt, den er zu Lebzeiten als Gott verehrt hatte.

In der Regierung folgte ihm Neamisl nach. Nach dessen Tod erhielt Mnata Amt und Würden. Nach dessen Tod übernahm Voyn die Amtsgeschäfte. Diesem folgte Vnitzlau in der Herzogswürde. Nachdem dieser gestorben war, bestieg Crezomisl den Fürstenstuhl. Dann erhielt Neklan die Herzogswürde, dann folgte Gostivit. Über das Leben und Treiben dieser Fürsten schweigt die Geschichte, weil sie nur übermäßig aßen und schliefen, unkultiviert und dumm waren, wie das Vieh dahinvegetierten und, was widernatürlich ist, den Leib als Lust und den Geist als Last empfanden. Zudem gab es in diesen Zeiten keinen Menschen, der ihre Taten der Nachwelt aufschrieb. Also schweigen auch wir, worüber man schweigen soll, und kehren zu dem zurück, das wir nur exkursorisch verlassen hatten.

19 Deutliche Anlehnung an Horaz, Epist. I, 6, 27.

Kapitel 10

Gostivit zeugte Boriwoi[20]. Dies war der erste Herzog, der vom ehrwürdigen Methodius, Bischof von Mähren, zur Zeit Kaiser Arnulfs und des Mährerkönigs Swatopluk getauft wurde[21].

Wir erachten es aber für wichtig festzuhalten, daß wir über die Schlacht zwischen Böhmen und Lukzanern, die nach der Stadt Saaz heute Satzenser genannt werden, gehört haben, die noch während der Regierungszeit des Herzogs Neklan in der Nähe von Tursko[22] ausgefochten wurde. Auch wollen wir nicht verschweigen, warum diese in der Antike Lukzaner hießen. Jene Provinz wurde nämlich in fünf Kreise eingeteilt. Der erste lag an beiden Ufern des Baches Hutna, der zweite an den Ufern des kleinen Flusses Uzka, der dritte an der reißenden Brocnica, der vierte, auch Waldkreis genannt, an der Mies. Der fünfte Kreis lag in der Mitte der Provinz und hieß Luka. Dies war eine sehr anmutige Gegend, recht ergiebig und fruchtbar und mit vielen Wiesen ausgestattet. Deshalb trug der Kreis auch den Namen Luka, da Luka Wiese heißt. Weil nun dieses Gebiet lange vor der Gründung der Stadt Saaz besiedelt war, hießen diese Ureinwohner Lukzaner. Hier herrschte Wratislaw, ein routinierter, mit allen Was-

20 s.o. Anm. 3.

21 Swatopluk I: Mährerfürst von 871–894; Diese Datierung Cosmas' ist falsch, da Methodius 855 starb, Arnulf erst 887 die Königwürde und 896 die Kaiserwürde erhielt.

22 Tursko: als Levy Hradec lokalisiert.

sern gewaschener Krieger, den man dann glücklich hätte nennen können, wenn sein letztes Unternehmen nicht unglücklich geendet hätte.
Gegen Böhmen führte er häufig Krieg und hatte bisher mit der Hilfe seiner Götter auch immer gesiegt. Das Land überzog er oft mit Mord, Brandschatzung und Plünderung und schwächte die Fürsten so sehr, daß sie sich in der kleinen Burg Levy Hradec verschanzten[23]. Wratislaw hingegen errichtete eine nach seinem Namen benannte Burg zwischen den beiden Bergen Meduez und Pripek[24] an der Provinzgrenze zwischen Bilin und Leitmeritz. Er besetzte diese Burg mit aggressiven Kriegern, um die Bewohner dieser beiden Provinzen, die zu den Böhmen hielten, zu tyrannisieren. Da im Auf und Ab des Lebens das Glück den Menschen anspornt, das Unglück ihn aber demütigt, wurde der Herzog Wratislaw ob seiner bisherigen Siege so vermessen, in blinder Leidenschaft ganz Böhmen erobern zu wollen. Der Mensch kennt aber seine Zukunft nicht und läßt sich durch falsche Hoffnungen in die Irre führen. Oft setzt er kurz vor seinem Fall zu einem Höhenflug an, oft wird er vor bevorstehenden freudigen Ereignissen geknechtet.
In arroganter Anmaßung wollte nun Wratislaw seine Macht und Autorität auf die Probe stellen. Er ließ ein Schwert in alle Teile seiner Provinz bringen

23 Vergl. Anm. 22; ergänzend: am linken Moldauufer in der Nähe Prags.
24 Umstritten: entweder Netlak und Prisen – so: Grandaur S. 24 oder Kostial und Jesserken – so: Bretholz S. 23.

mit folgendem Befehl: Wer größer als dieses lang sei, werde mit diesem Schwert sofort gerichtet, es sei denn, er leiste Heerfolge. Als er so seinen Heerbann schneller als erwartet beisammen hatte, stellte er sich – gestützt auf seinem Schild – mitten auf einen Wall und sprach, während er das Schwert schwang: »Krieger, ihr habt als erfahrene Sieger jetzt den letzten Sieg von euren Augen, macht nur das, was ihr schon so häufig getan habt. Warum brauchen wir überhaupt noch Waffen? Betrachtet sie nur als Kriegsschmuck. Nehmt lieber Habichte, Falken, Sperber und andere Vögel mit, die normalerweise zum kurzweiligen Zeitvertreib dienen und denen wir, wenn es dafür überhaupt geeignet ist, das Fleisch unserer Feinde zum Fressen geben. Der Gott Mars und meine Herrin Bellona[25], die mir immer wohlwollend zur Seite standen, sollen für meinen Schwur, den ich bei meinem Schwert, das ich in der Hand halte, leiste, Zeugen sein, daß ich statt Kinder junge Hunde an die Brüste ihrer Mütter legen werde. Erhebt jetzt die Fahnen und zögert nicht lange, denn Zaudern gereichte den kriegsbereiten Soldaten immer schon zum Nachteil. Zieht jetzt ohne Verzug in das Gefecht und siegt glücklich.« Unter unheimlichem Lärm schrien Tüchtige wie Unfähige, Tapfere wie Feige, Starke wie Schwache: »Zu den Waffen! Zu den Waffen!« Kaum zu zügelnde Schlachtpferde wie klapprige Mähren sprengten in die Schlacht.

25 Römische Kriegsgötter.

Kapitel 11

Unterdessen rief eine Frau, sie war eine der Eumeniden, ihrem Stiefsohn, der schon kampfesbereit war, zu: »Wenn gewöhnlich Stiefmütter ihren Stiefsöhnen auch nicht helfen wollen, so will ich dir – an die Verbindung mit deinem Vater denkend – doch einen Tip geben, wie du dich retten kannst, wenn du willst. Zunächst mußt du wissen, daß die Götter und Geister der Böhmen durch ihre Opfer unsere Eumeniden besiegt haben. Deshalb werden die Böhmen die Schlacht siegreich beenden, nachdem unsere Soldaten bis auf einen getötet wurden. Damit du aber unverletzt aus dem Gefecht entkommst, schneide dem Gegner, den du bei der ersten Feindberührung tötest, beide Ohren ab, stecke sie in deine Tasche und bekreuzige mit deinem Schwert den Boden unter den Hufen deines Pferdes. Damit löst du den unsichtbaren Bann, durch den der Zorn der Götter euere Pferde lähmt – als ob sie einen sehr ermüdenden Weg zurückgelegt hätten – und tötet. Springe dann schnell auf dein Pferd und fliehe. Wenn dich Lärmgeschrei verfolgt, wende dich nie um, sondern lege an Tempo zu, damit du so als einziger – wenn auch mühsam – entkommst, denn die Götter, die euch sonst in der Schlacht zur Seite standen, haben ihre Gunst den Feinden zugewandt.«

Nachdem die Böhmen den bisher hoch überlegenen Feinden nichts hatten entgegensetzen können, gereichte es den jetzt Besiegten nur noch zum Heil, nicht auf selbiges zu hoffen. Wenn bei Menschen, die ungläubig sind und eher dem Bösen zuneigen, die Kräfte schwinden und bewährte Mittel nicht mehr helfen, wenden sie sich unerlaubten zu. So vertraute auch dieses Volk auf Zauberkünste und Lügen, da es auf die eigenen Kräfte und Waffen nichts mehr gab. Sie wandten sich um Rat an eine Wahrsagerin und bedrängten sie zu sagen, was sie in dieser gefährlichen Situation tun sollten und wie wohl die Erfolgsaussichten seien. Diese, vom Orakelgeist erfüllt, hielt sie auch nicht mit zweifelhaften Auskünften hin und sprach: »Wenn ihr siegen wollt, müßt ihr zuerst den Befehlen der Götter gehorchen. Opfert eueren Göttern einen Esel, damit sie euch schützen. Das befehlen Juppiter, Mars, seine Schwester Bellona und Pluto.« Man suchte inzwischen einen kleinen, armen Esel, tötete ihn und zerteilte sein Fleisch in Tausende kleine Bisse, die dann vom ganzen Heer hastig verzehrt wurden, so wie es befohlen war. Man hätte die Phalanx der Männer sehen sollen: Durch den Genuß des Fleisches hatten sie neuen Mut geschöpft und waren todesmutig wie die Keiler im Wald. Wie nach einem Wetterumschwung, wenn nach Regenwolken die Sonne um so heller und freundlicher strahlt, war das ganze Heer nach tiefer Depression jetzt bis auf das Äußerste kampfbereit.

Kapitel 12

Der Böhmenherzog Neklan, ängstlich wie ein Hase und auf der Flucht schneller als ein Leopard, fürchtete die drohende Auseinandersetzung und verschanzte sich unter dem Vorwand einer Krankheit in der Burg. Was machen aber die Glieder ohne Haupt, was die Soldaten im Gefecht ohne Anführer? Es gab da aber einen jungen, kraftstrotzenden Mann, Tyrs genannt[26], der in der gesellschaftlichen Hierarchie gleich hinter dem Herzog kam und auch vor tausend Feinden nicht verzagte oder gar zurückwich. Diesen ließ der Herzog heimlich zu sich kommen und befahl ihm, – nur wenige waren eingeweiht –, die herzogliche Rüstung anzulegen und das Pferd des Herzogs zu besteigen und an seiner Stelle das Heer auf das Schlachtfeld zu führen, das kaum zwei Stadien von der Burg entfernt lag. Man kam auf den von beiden Heeren vereinbarten Platz. Die Böhmen besetzten aber schon vorher einen in der Mitte des Geländes gelegenen Hügel, der ihnen den Blick auf die herannahenden Feinde freigab. Tyrs, den man für den Herzog hielt, sprach zu seinen Soldaten: »Wenn es die Aufgabe eines Heerführers ist, den Soldaten Mut zuzusprechen, müßte ich euch eine ausführliche Rede halten. Da wir aber den Feind schon vor Augen haben, bleibt nicht mehr viel Zeit zum Reden. Deshalb möchte ich euch nur wenige Worte mitgeben: Im Krieg kämpfen zwar alle mit

26 Das bedeutet etwa: junger Krieger.

dem gleichen Engagement aber mit unterschiedlicher Motivation. Unsere Feinde kämpfen für den Ruhm einiger weniger, wir aber für unser Vaterland, für unsere und unseres Volkes Freiheit und unser Heil. Jene, um zu plündern, wir für unsere geliebten Kinder und Frauen. Seid mutig, seid Männer! Die Götter, die euch bisher zürnten, habt ihr durch euer Opfer versöhnt, wie diese es wünschten. Fürchtet euch also nicht, denn die Ängstlichen schweben in um so größerer Gefahr, während Mut wie eine unbezwingbare Mauer ist und den Mutigen die Götter unmittelbar beistehen. Glaubt mir, jenseits der feindlichen Lager liegen für euch Glück und Ruhm. Kehrt ihr aber den Feinden den Rücken, so könnt ihr trotzdem dem Tod nicht entkommen. Wenn es auch nur der Tod alleine wäre! Es wird jedoch noch Schlimmeres geschehen. Vor eueren Augen werden sie euere Frauen schänden, die Kinder auf ihrem Schoße ermorden und ihnen junge Hunde zum Säugen geben. Allein nur deshalb, weil die Besiegten den Siegern nichts abschlagen können!
Inzwischen kam der hochmütige Herzog der Lukzaner mit seinem stolzen und selbstgefälligen Kriegsvolk, das auch heute noch eine vom Bösen beeinflußte Arroganz an den Tag legt, näher. Als er sah, daß die Feinde nicht zurückwichen, ließ er kurz anhalten und motivierte seine Krieger mit folgenden Worten, gleichsam als ob er mit dem Schicksal der Gegner Mitleid empfände: »O diese erbärmlichen und ängstlichen Menschen! Vergeblich besetzen sie den Hügel, wenn ihnen Mut und Fähigkeit fehlen,

einen Krieg zu führen. Wo keine Tapferkeit, da hilft auch kein strategischer Vorteil. Ihr seht, daß sie es nicht wagen, sich euch in der offenen Schlacht zu stellen, ja wenn ich mich nicht täusche, bereiten sie schon die Flucht vor. Greift sie jetzt unverzüglich an, ehe sie fliehen, geht vor, wie ihr es gewöhnt seid, damit sie wie schlechte Feldstoppeln unter eueren Füßen zermalmt werden! Setzt euere Waffen nicht ein, um sie nicht durch das Blut dieser Feiglinge zu beschmutzen, laßt lieber euere Vögel, die ihr mit euch führt, fliegen, damit sie, gleichsam wie die Falken die Tauben, ihre feigen Schlachtreihen terrorisieren!« Als dies dann geschah, verfinsterten die gleichzeitig losfliegenden Vögel das Tageslicht wie eine schwere Regenwolke oder ein schlimmes Gewitter. Der tapfere Tyrs sah dies und beendete seine Rede mit folgenden Worten: »Wenn ich in diesem Kampf fallen sollte, so begrabt mich unter diesem Hügel und errichtet mir zum Gedenken ein Grabmal!« Deshalb trägt dieser Hügel heute noch den Namen »Grab des Tyrs, des unerschrockenen Ritters«. Wie ein Felsblock, losgelöst durch einen Blitzschlag, in die Tiefe stürzt und alles, was ihm im Wege steht, mitreißt, so warf sich der Held Tyrs mit Todesverachtung in das Kampfgetümmel und tötete die Feinde, wie man Mohnblumen bricht, ehe er inmitten des Blutbades getroffen durch eine Unzahl feindlicher Speere und somit einem Igel gleichend, starb. Die Namen der Gefallenen sind ebenso unbekannt, wie die Anzahl der Wunden ungezählt ist. Gewiß ist nur, daß die Böhmen den Sieg errangen und alle Lukzaner den Tod fanden mit Ausnahme des einen, den seine Stiefmutter vor der Schlacht gewarnt hatte. Er folgte ihren Anweisungen und entkam in überstürzter Flucht. Zu Hause angekommen erfuhr er vom Tod seiner Frau. Als er sie ansehen wollte und das Leichentuch anhob, hatte die Leiche – es klingt unwahrscheinlich – eine Wunde in der Brust und die Ohren abgeschnitten. Jetzt erinnerte er sich an das Gefecht zurück, zog die Ohren mit den Ohrringen aus der Tasche und erkannte, daß seine Frau die Gestalt jenes Kriegers angenommen hatte, der in der Schlacht seinem Schwert zum Opfer gefallen war.

Kapitel 13

Nach der gewonnenen Schlacht zogen die Böhmen in das Land der Besiegten, verwüsteten es, ohne Widerstand anzutreffen, zerstörten die Städte, brandschatzten die Dörfer und machten große Beute. Unter anderem fanden sie auch den Sohn des Herzogs, der sich bei einer alten Frau versteckt hielt. Als ihn der Böhmenherzog sah, empfand er – obwohl Heide – gleich einem guten Katholiken Mitgefühl und schenkte ihm das noch junge Leben. Er baute in der Ebene am Ufer der Orga im Bezirk Postelberg eine Burg namens Dragus, wo heute ein Marienkloster steht. Burg und Knabe übergab er dessen bisherigem Erzieher mit Namen Durynk, einem Sorben, dessen lasterhafte Willkür alles bisher Bekannte in den Schatten stellte. Dies geschah auf Anraten der böhmischen Grafen, und zwar aus zwei Gründen. Einmal, damit sich das zerstreute Volk beim Sohne des Herzogs, seinem Fürsten, wie die Bienen bei ihrer Königin sammeln konnte, um so vielleicht eher einen potentiellen Widerstand im Keime ersticken zu können. Zum anderen, weil man annahm, daß sich das Volk mit einem Fremden (hier: Fürstenerzieher) nicht so schnell verschwor. Nachdem dies alles so in Ordnung gebracht worden war, kehrten sie hocherfreut nach Hause zurück und brachten die siegreichen Feldzeichen wieder an ihre Plätze.

Unterdessen beging der schändliche Sorbe, schlimmer als der ungläubigste Barbar, seine grausamste Bluttat. Eines Tages berichteten ihm Fischer, daß sich ungewöhnlich viele Fische unmittelbar unter der Eisfläche gesammelt hätten. Das Eis war nämlich noch dünn und durchsichtig, weil es weder Wind noch Staub stumpf gemacht hatten. Jetzt glaubte Durynk, dieser zweite Judas, daß es an der Zeit sei, das hinterlistige Verbrechen, das er schon lange geplant hatte, nämlich seinen jungen Herren nach dem Leben zu trachten, auszuführen. Arglistig schlug er dem Jungen vor: »Gehen wir fischen!« Er wollte ihn aber töten. Als sie nun an die Stelle des Eises gekommen waren, sagte er: »Seht, kleiner Herr, Tausende kleiner Fische schwimmen direkt unter dem Eis.« Während der Junge, wie alle in diesem Alter, niederkniete und mit kindlicher Freude die Fische beobachtete, ermordete ihn sein Erzieher mit der Streitaxt, ihn, den die Feinde am

Leben ließen. Sofort flohen alle übrigen vom grausigen Ort des Geschehens. Der Täter aber, schlimmer als ein Vatermörder, vollendete mit dem Messer, was ihm mit einem Axthieb nicht gelang. Er schnitt seinem kleinen Herren – wie einem Schwein – den Kopf ab, wickelte diesen – fast war es Ehrfurcht – in sauberes Leinen, um ihn seinem neuen Herzog, der ihm ja die Erziehung des Jungen anvertraut hatte, zu bringen. Dies brachte ihm aber selbst das Verderben. In der Hoffnung, fürstlich belohnt zu werden, überbrachte er ohne Verzug das makabere Geschenk. Er traf den Herzog in seinem Palast in Prag bei der Beratung mit seinen Grafen an. Er hielt es für das Beste, sich mit seiner Schandtat vor allen zu rühmen, trat ein, grüßte den Herzog, wurde wieder gegrüßt und wartete, daß ihm das Wort erteilt werde. Dann sagte er: »Sieh, mir gelang mit meiner Streitaxt eine Tat, die euch alle ruhig schlafen läßt. Wie oft kann eine Glut, die der Wächter unvorsichtig in der Asche glimmen läßt, ein Großfeuer anfachen, das dann auch das Haus der Herren zerstört. Diese gefährliche Glut habe ich in weiser Voraussicht endgültig gelöscht und euch und euere Nachkommen, gleichsam einer göttlichen Weisung folgend, vor großem Unheil bewahrt. Regierende des Landes beurteilt jetzt diese Tat! Erscheint sie euch rühmlich, dann laßt alle wissen, welches Verdienst ich mir erworben habe. Erachtet ihr sie als Verbrechen, seid ihr mir noch mehr schuldig, da ich euch eine schwere Straftat erspart habe. Habt ihr denn deswegen den Jungen geschont, weil sein Vater euere Kinder ermorden und eueren Frauen Hunde zum Säugen gab? Wahrlich, weder Fleisch noch Fleischsuppe aus Wolfsfleisch gelten als wohlschmeckend. Seht, derjenige, der einmal das Blut seines Vaters rächen und euch schaden konnte, ist nun ohne euer Zutun tot. Nehmt jetzt endgültig dieses Reich in Besitz, das ihr dann für immer sicher im Griff haben werdet!« Unverzüglich brachte er das Haupt in einer Schüssel. Es sah noch immer dem eines lebenden Menschen gleich, nur daß es nicht mehr sprechen konnte. Der Herzog erschrak, die Grafen waren bis auf das Mark erschüttert, ein Gemurmel des Entsetzens machte sich breit. Dann wandte sich der Herzog von diesem schändlichen Geschenk ab und sammelte sich zu folgenden Worten: »Ruchloser, nimm diese »Gabe«, die alle Grenzen des Frevels sprengt, weg. Für diese Tat gibt es keine adäquate Strafe. Glaubst du, ich hätte selbiges nicht tun können, wenn ich nur gewollt hätte? Eher wäre es mir erlaubt gewesen, meinen Feind zu töten als dir, deinen Herren zu ermorden. Dein Frevel kann mit Worten nicht erfaßt werden. Wahrlich, wer dich tötet oder zum Tode verurteilt, begeht keine einfache, sondern eine doppelte Sünde, weil er die Sünde, dich zu töten, auf sich nimmt und die deiner Mordtat dann noch jeweils dreifach. Wenn du aber für deine Schandtat eine Belohnung von uns erwartest, dann diese, daß dir die Wahl zwischen drei Todesarten gewährt wird. Entweder du stürzt dich von einem hohen Felsen in die Tiefe, oder erhängst dich an einem Baum, oder beendest mit

dem Schwert dein lasterhaftes Leben.« Darauf seufzte der Mann: »Wie übel ergeht es dem, dem anderes, als er erhoffte, widerfährt.« Unverzüglich trat er ab und erhängte sich an einer Erle, die Durynk-Erle hieß, bis sie gefällt wurde. Weil dies alles schon sehr lange her ist, will ich es dem Leser selbst überlassen, den Wahrheitsgehalt zu überprüfen.
Ich möchte jetzt meinen ungelenk, aber in bester Absicht geführten Griffel spitzen, um die merkwürdigen Begebenheiten zu berichten, die durch wahre Erzählungen der Gläubigen verbürgt sind.

Kapitel 14

Im Jahre 894 n.Chr. wurde Boriwoi als erster Fürst katholisch getauft[27]. Im gleichen Jahr verschwand, wie es heißt, Swatopluk, der Mährerkönig, aus der Mitte seines Heeres für immer und auf unerklärbare Weise. Wahr ist aber, daß er in sich ging, sein Unrecht und seinen Lehnsbruch erkannte, da er die Waffen gegen seinen Herren und Paten, Kaiser Arnulf, erhob, der ihm nicht nur ganz Böhmen, sondern auch andere Gebiete – bis zur Orga und in Ungarn bis zur Gran zu Lehen gegeben hatte. Voll Reue verließ er mit seinem Pferd in finsterer Nacht das Heerlager, ohne daß es jemand bemerkte, und begab sich zum Berg Zobor, wo früher im undurchdringlichen Wald drei Einsiedler mit seiner Hilfe

27 Vergl. Kapitel 10, Anm. 21.

eine Kirche erbaut hatten. Sobald er dort angekommen war, tötete er an entlegener Stelle sein Pferd, vergrub sein Schwert und begab sich bei Morgengrauen zu den Einsiedlern, die ihn nicht erkannten. Er empfing Tonsur und Mönchskutte und verbrachte dort unerkannt den Rest seines Lebens. Als er den nahenden Tod spürte, gab er den Mönchen seine Identität preis und starb. Sein Reich beherrschten seine Söhne[28] ohne Fortune, da teils die Ungarn Gebiete abtrennten, teils die Bewohner der Ostmark und teils die Polen das Land gnadenlos verwüsteten.

Kapitel 15

Boriwoi hatte mit Ludmila, der Tochter des Grafen Slavobor von Psow zwei Söhne: Spitihnew und Wratislaw[29]. Nach seinem Ableben folgte ihm Spitihnew, nach dessen Tod Wratislaw. Dieser wählte sich seine Frau Drahomir aus dem grausamen Volk der Lutizen, aus der Provinz Stodor. Diese Leute verschlossen sich dem christlichen Glauben vollkommen. Drahomir brachte zwei Söhne zur Welt: Wenzel, den Gott und die Menschen liebten, und Boleslaw, den verachtenswerten Brudermörder[30]. Wie aber Boriwoi durch die grenzenlose Gnade Gottes

28 Morimar und Swatopluk (894–900/907).
29 Spitihnew 895–905 und Wratislaw 905–921.
30 Wenzel 921/22–929/35; Boleslaw 929/35–967 bzw. 972.

das Sakrament der Taufe bekam, wie sich zur Zeit seiner Nachfolger der Katholizismus sukzessive ausbreitete, welcher gläubige Herzog die ersten Kirchen zur Ehre Gottes baute, das alles sind Einzelheiten, die ich übergehe, um die Leser nicht zu langweilen, da man dies alles schon in anderen Quellen finden kann. Und zwar einiges im »Privilegium für die mährische Kirche«, einiges in der »kleinen Geschichte Böhmens und Mährens«, einiges in der »Lebensbeschreibung des heiligen Wenzel, unseres Patrons und Märtyrers«[31].
Auch Leckerbissen verlieren dann ihren Reiz, wenn man sie zu häufig genießt.
In den folgenden Jahren geschah nun das, was eben schon kurz erwähnt wurde und zeitlich nicht exakt zu fixieren war.

Kapitel 16

Im Jahr 895 n.Chr. (keine weiteren Angaben. F.H.)

.

.

.

Im Jahr 928 n.Chr. (weitere Angaben fehlen. F.H.)

31 Eine mögliche Quelle ist Gumpold von Mantua (~ 965–990).

Kapitel 17

Am 28. September 929 n.Chr.[32] starb der heilige Wenzel in Altbunzlau durch die Hand seines Bruders den Märtyrertod. Er kam sofort in den Himmel. Wie Boleslaw, der die Herrschaft usurpieren wollte und nicht verdient hat, Bruder dieses heiligen Mannes genannt zu werden, Wenzel mit Hinterlist zum Mahl lud, wobei der Brudermord von den Menschen zwar nie aufgedeckt wurde, vor Gott aber nicht verborgen blieb, dies alles wurde bereits erzählt[33]. Nach Wenzels Märtyrertod wurde Boleslaw, dieser zweite Kain, Herzog. Während des eben erwähnten Mahls, das durch den Brudermord ein Blutmahl geworden war, gebar die integre Ehefrau dem Herzog (Boleslaw) einen ebenso vortrefflichen Sohn, der Strahkwas genannt wurde, was – im Gedanken an dieses Mahl – so viel wie »schreckliches Mahl« heißt. Gibt es denn ein schlimmeres Mahl als eines, das mit Brudermord endet? Herzog Boleslaw, den das Gewissen wegen der begangenen Freveltat ständig an die drohende Hölle erinnerte, zerbrach sich den Kopf, wie er Gott wieder aussöhnen könnte und legte folgendes Gelübde ab: »Wenn mein Sohn am Leben bleibt, weihe ich ihn aus tiefster Inbrunst Gott, damit er als Geistlicher Gott für meine Sünden zum Wohle dieses Volkes diene.«

32 Allgemein wird in der älteren Literatur das Datum 28. September 935 n.Chr. angenommen.

33 Bei Gumpold.

Kapitel 18

Als der Knabe, den seine Eltern sehr lieb hatten, das Alter für eine systematisch einsetzende Bildung erreicht hatte, brachte es der Vater, der sein Gelübde nie vergaß, nicht übers Herz, den Sohn zu Hause lernen zu lassen. Er schickte ihn nach Regensburg, wo er ihn der Klostererziehung in Sankt Emmeram übergab. Er wurde eingekleidet, in die Kirchengebote und in die Mönchsregel eingewiesen und blieb dort, bis er erwachsen wurde. Über sein weiteres Leben wird noch viel zu berichten sein. Was die Taten des Herzog Boleslaw betrifft, konnte ich nur noch ein Faktum erfahren. Wenzel, der demütige Diener Gottes, ließ in der Hauptstadt Prag eine Kirche zu Ehren des heiligen Märtyrers Vitus erbauen, die er aber, wegen seines unerwarteten Todes, uneingeweiht hinterließ[34]. Mit Mühe verschaffte sich Herzog Boleslaw bei Bischof Michael von Regensburg[35] Gehör, nachdem er ihm ehrerbietige Gesandtschaften mit großzügigen Geschenken geschickt hatte, um ihn für sein Anliegen, die Kirche zu weihen, zu gewinnen. Der Bischof hätte sich sicherlich verschlossen, wäre dies nicht zum Gedenken und für das Seelenheil seines getöteten Freundes Wenzel geschehen, der ihn noch zu seinen Lebzeiten als seinen geistigen Vater und einen

34 Gumpold, an den sich Cosmas sehr stark anlehnt, schreibt, daß die Kirche noch zu Lebzeiten Wenzels geweiht wurde.

35 Michael, Bischof v. Regensburg und Abt von St. Emmeram seit 944 n.Chr.

wohltätigen Bischof verehrte. Der Bischof hatte ihn nämlich gleichsam an Sohnes statt angenommen, indem er ihn oft über Gott unterrichtete und ihm das gab, was die junge Kirche am dringendsten benötigte. Nachdem dem Herzog (Boleslaw) seine Bitte erfüllt worden war, zog das Volk – Adel und einfache Leute – dem ankommenden Bischof ehrfurchtsvoll entgegen, um ihn mit allen Ehren in die Hauptstadt Prag zu geleiten.
Am 22. September[36] jedenfalls wurde die Kirche des heiligen Märtyrers Vitus eingeweiht, und der Bischof kehrte voll Freude nach Hause zurück.

Kapitel 19

930 n.Chr.: Otto, der Sohn Kaiser Heinrichs[37], heiratete Egitha, die Tochter des englischen Königs.
931 n.Chr.: Kaiser Heinrich christianisiert den König der Abodriten und den König der Dänen[38].
932 n.Chr.: Am 4. März wurde der Leichnam des heiligen Wenzel, wegen der Haßgefühle seines neidischen Bruders, nach Prag überführt. Da Boleslaw von Tag zu Tag schlimmer wurde und keinerlei Reue für sein Verbrechen fand, konnte er es in sei-

36 Cosmas gibt hier keine Jahreszahl an! Wohl 972 bzw. etwas später.
37 Heinrich I. 918–936 war nicht Kaiser; erst Otto I. sein Sohn 936–973 erreichte 962 das Kaisertum.
38 Vergl. Anm. 37; Text stammt hier aus der Fortsetzung Reginos v. Prüm, 840–899.

ner abstoßenden Arroganz nicht ertragen, daß Gott am Grab des heiligen Wenzel zahlreiche Wunder wirkte. Heimlich befahl er einigen Vertrauten, den Toten nach Prag zu bringen und nachts in der Kirche des heiligen Vitus zu begraben, damit die Wunder Gottes nicht seinem Bruder sondern dem heiligen Märtyrer Vitus zugeschrieben wurden.
Über seine weiteren Untaten konnte nichts Erwähnenswertes und Zuverlässiges in Erfahrung gebracht werden. Nur noch eine verwegen kühne und merkwürdige Schandtat, die er noch als junger Mann begangen hatte, möchte ich mit euerer Erlaubnis erzählen. Herzog Boleslaw nun – wenn einer überhaupt Herzog genannt werden darf, der ein gottloser Tyrann war, grausamer als Herodes, schrecklicher als Nero, der durch seine Freveltaten die Verbrechen des Decius und durch seine Übeltaten Diocletian übertraf[39], weshalb er auch den Beinamen »der Grausame« erhielt – dieser Boleslaw war also so brutal, daß er nichts aufgrund vernünftiger Überlegungen unternahm, sondern alles völlig willkürlich und spontan tat. Deshalb beschloß er auch plötzlich, eine Stadt nach römischem Vorbild zu erbauen. Sogleich rief er alle hervorragenden Männer des Volkes zusammen, führte sie in den Wald an der Elbe und eröffnete sich ihnen dort folgendermaßen: »Es ist mein Wunsch und Befehl, daß ihr mir eine Stadt nach römischem Vorbild samt einer geschlossenen

39 Unter diesen röm. Kaisern gab es schlimme Christenverfolgungen.

hohen Stadtmauer erbaut.« Darauf antworteten die Männer: »Wir als Würdenträger und Vertreter des Volkes versagen uns deinem Wunsch, da wir dazu weder fähig und willens sind und auch unsere Vorfahren dergleichen nie gemacht hatten. Sieh, wir stehen vor dir und sind eher bereit, durch dein Schwert zu sterben als uns der unerträglichen Knechtschaft zu unterwerfen. Mach, was du willst, wir jedenfalls gehorchen deinen Befehlen nicht.« Der Herzog wurde maßlos zornig, sprang auf einen morschen Baumstamm, riß das Schwert aus der Scheide und rief: »Ihr Feiglinge und Söhne feiger Väter, wenn ihr nicht bloß halbe Männer und schlechter als dieser modrige Baumstumpf seid, so beweist euere Reden durch Taten und versucht, ob es leichter ist, den Tod durch das Schwert zu erwarten oder das Joch der Knechtschaft zu ertragen.« Es war ein außergewöhnliches Schauspiel und die Arroganz des Herzogs schon fast wieder bewundernswert. Hätte er tausend Arme und Schwerter gehabt, die Menschenmenge hätte auch nicht stärker gezittert. Als der Herzog sah, daß sie in ihrer Angst immer blasser wurden, ergriff er einen, der der erste unter den Ältesten war, an den Haaren und enthauptete ihn wie den schwachen Blütenkopf einer Mohnblume. Er sagte: »Ich will, daß mein Befehl ausgeführt wird. Mein Wille gilt als Begründung.« Als die übrigen dies sahen, ergriff sie späte Reue und sie baten den Herzog unter Tränen um Verzeihung. Sie riefen: »Herr, vergib uns unsere Schuld. Wir wollen immer deinen Befehlen gehorchen und alles machen, was du befiehlst, nur damit du nicht mehr so grausam gegen uns bist!« Sofort erbauten sie nach dem Willen des Herzogs eine Stadt nach römischem Vorbild mit einer hohen und starken Mauer, die man heute noch sieht und die nach dem Namen seines Gründers Bunzlau genannt wird[40].

Kapitel 20

933 n.Chr.: Die Ungarn verwüsteten Ostfranken, Alemannien und Gallien und kehren über Italien nach Hause zurück[41].
934 n.Chr.: König Heinrich schlug die Ungarn vernichtend und nahm viele von ihnen gefangen[42].
935 n.Chr.: Heinrich erlitt einen Schlaganfall.
936 n.Chr.: König Heinrich starb, sein Sohn Otto, der spätere Kaiser, folgte ihm in der Herrschaft nach.
937 n.Chr.: Herzog Arnulf von Bayern starb.
938 n.Chr.: Die Ungarn wurden erneut von den Sachsen geschlagen. Die Söhne Herzog Arnulfs versuchten einen Aufstand gegen Otto.

40 Es dürfte sich hier wohl eher um eine Stadterweiterung von Altbunzlau gehandelt haben, da die Stadt bereits bestand. Vergl. Kapitel 17.

41 HS A 3 kopiert die Ann. Hersfeld. für die Jahre 958/959 bis 963; (hier nicht berücksichtigt) 933 ist nicht unumstritten, vergl. aber Böhmer R. I. II S. 26.

42 Dies war 933.

939 n.Chr.: König Ludwig[43] heiratete Gerberga, die Witwe Giselberts.
940 n.Chr.: Heinrich, der Bruder des Königs, wurde mit dem Herzogtum Lothringens belehnt, verlor dieses aber im gleichen Jahr wieder.
941 n.Chr.: Heinrich, der Bruder des Königs, versuchte mit einigen Sachsen eine letztlich erfolglose Verschwörung gegen den König.
942 n.Chr.: Ein Stern, gleich einem Kometen, wurde über vierzehn Nächte hinweg beobachtet, worauf eine außerordentlich hohe Sterblichkeit bei Rindern folgte.
943 n.Chr.: Herzog Otto (von Lothringen) starb. Ihm folgte Konrad, der Sohn Werinhers[44].
944 n.Chr.: Die Ungarn wurden von den Kärntnern vernichtend geschlagen.
945 n.Chr.: Der Bayerische Herzog Berthold starb. Ihm folgte Heinrich, der Bruder König Ottos[45].
946 n.Chr.: König Ludwig wurde aus seinem Königreich vertrieben[46].
947 n.Chr.: Die Königin Egitha starb[47].
948 n.Chr.: Die Synode in Ingelheim fand statt. 34 Bischöfe waren anwesend.
949 n.Chr.: Liudolf, der Sohn des Königs, wurde Vater einer Tochter Mathilde.

43 Ludwig IV. von Westfranken.
44 Dies war Konrad der Rote.
45 Berthold starb am 23. November 947 n.Chr.
46 Ludwig geriet zwar wiederholt in Gefangenschaft, wurde aber wieder freigelassen. Vergl. Böhmer R. I. II S. 70.
47 Egitha starb am 26. Januar 946.

950 n.Chr.: Der Böhmenherzog Boleslaw empörte sich gegen den König. Dieser griff ihn mit einem starken Heer an und unterwarf ihn endgültig.
951 n.Chr.: König Otto zog nach Italien

.

.

. (keine weiteren Angaben F.H.)

Kapitel 21

Am 15. Juli 967 n.Chr. verlor Herzog Boleslaw der Grausame[48] nicht nur das durch Brudermord usurpierte Herzogtum, sondern auch sein Leben. Sein gleichnamiger Sohn[49], der ihm nachfolgte, war seinem Vater durch moralische Integrität und frommen Lebenswandel gänzlich unähnlich. O wunderbare Gnade Gottes! Wie unbegreiflich sind deine göttlichen Entschlüsse! Sieh, eine Brombeerstaude trägt eine Traube, eine Rose krönt die Dornen, edle Feigen stacheliges Unkraut. So folgt dem Brudermörder ein Verehrer Christi, dem Wolf ein Lamm, dem Tyrannen ein gemäßigter Herrscher, dem gottlosen Herzog Boleslaw der fromme Herzog Boleslaw, der rechtschaffen wie kein zweiter war. Auch die Namensgleichheit mit seinem frevelhaften Vater belastete ihn in seiner inbrünstigen Liebe zu Gott nicht. Wieviele Menschen tragen den Namen eines

48 Auch 972 ist möglich.
49 Boleslaw II. 967/972–999.

Heiligen, ohne aber dessen makellose Heiligkeit zu erlangen, da Heiligkeit bzw. Gottlosigkeit nicht nach dem Namen, sondern nur nach den Taten bemessen wird.

Kapitel 22

Dieser Fürst Boleslaw war aber ein sehr christlicher Mann, katholisch, den Waisen ein Vater, den Witwen ein Beschützer und den Traurigen ein Tröster. Sein Haus stand Geistlichen wie Pilgern immer offen. Insbesondere gründete er Kirchen. Wie aus dem Privilegium der St. Georgskirche bekannt ist, errichtete er 20 christliche Kirchen und stattete sie reichlich mit Sakralgegenständen aus. Seine Schwester hieß Mlada. Sie weihte ihr Leben einzig Gott, war theologisch gebildet, standhaft im Glauben, demütig und freundlich, eine Wohltäterin für Arme und Waisen, eine wahrhaft tugendhafte Frau. Als sie eine Pilgerfahrt nach Rom unternahm, wurde sie vom Papst[50] mit allen Ehren empfangen. Nach einer intensiven Einweisung in die Regeln des klösterlichen Lebens weihte sie der Papst auf Anraten der Kardinäle und, um der noch jungen böhmischen Kirche einen Dienst zu erweisen, zur Äbtissin, die jetzt den Namen Maria bekam, und gab ihr die Regel des heiligen Benedikt und den Hirtenstab als Insignien ihrer Amtswürde. Nachdem sie sich vom

50 Johannes XII. 955–964.

Papst verabschiedet und den apostolischen Segen erhalten hatte, begab sich die neugewählte Äbtissin mit ihrem hocherfreuten Gefolge auf die Heimreise, um Böhmen die neue und heilige Mönchsregel zu bringen. Als sie in der königlichen Stadt Prag Einzug hielt, empfing der Herzog Boleslaw die lange zurückersehnte und innig geliebte Schwester ehrenvoll und zog mit ihr Hand in Hand in den Palast. Lange saßen sie im Gespräch vertieft beisammen, und sie erzählte ihm viel Merkwürdiges, was sie in Rom erlebt hatte und berichtete ihm den Inhalt der päpstlichen Bulle, die an ihn gerichtet war und folgendermaßen lautete: »Johannes, Diener unter den Dienern Gottes, erteilt dem erst seit kurzer Zeit katholischen Boleslaw den apostolischen Segen. Es ist billig und recht, gerechten Bitten Gehör zu schenken, weil Gott allein die Gerechtigkeit ist und die gerechtfertigt werden, die Gott lieben, und denen alles zum Wohle gereicht, die seine Gerechtigkeit lieben. Unsere Tochter, deine Schwester Mlada, Maria genannt, hat neben anderen Bitten, die nicht unerfüllt bleiben können, auch um Unsere päpstliche Bewilligung deines Anliegens, einen Bischofssitz in deinem Fürstentum zum Ruhme der Kirche Gottes zu gründen, nachgesucht, was Uns sehr erfreute. Wir haben das gerne vernommen und Gott gedankt, daß er seine Kirche ständig bei allen Völkern wachsen läßt und verherrlicht. Deshalb genehmigen, verordnen und bestimmen Wir, kraft unseres apostolischen Amtes und der Macht des heiligen Apostelfürsten Petrus, dessen unwürdiger Statthalter wir sind, daß bei der Kirche der heiligen Märtyrer Vitus und Wenzel der Bischofssitz errichtet werde. Bei der Kirche des heiligen Märtyrers Georg soll ein Frauenkloster nach den Grundsätzen des heiligen Benedikt und unter der Führung Unserer Tochter, der Äbtissin Maria, gegründet werden. Weder der orthodoxe Ritus noch die slawische Sprache sollen dominieren, sondern du sollst nach dem bestehenden Kirchenrecht einen angesehenen Kleriker deiner Wahl bestimmen, der die lateinische Sprache beherrscht und fähig ist, mit seinen Worten die Herzen der Heiden wie mit einem Pflug aufzureißen, das Saatgut guter Taten zu säen und die Früchte für Gott einzubringen. Gott behüte dich«[51]. Dem päpstlichen Auftrag folgend wurde auf Beschluß des Herzogs und der Äbtissin die Kirche des heiligen Vitus zur Bischofskirche bestimmt[52], die Kirche des heiligen Märtyrers Georg der Äbtissin Maria, der herzoglichen Schwester, anvertraut.

Kapitel 23

Einmal kam ein sehr eloquenter und kenntnisreicher sächsischer Mönch und Priester namens Thietmar als Wallfahrer nach Prag. Schon nach kurzer Bekanntschaft mit Herzog Boleslaw II. hatte er sich

51 Echtheit der Bulle wird bezweifelt. Vergl. Jaffé, Reg.Pont. Rom. II nr. 3720.

52 wahrscheinlich 972 oder später.

dessen vertrauensvolle Freundschaft erworben. Weil Thietmar auch die slawische Sprache sehr gut beherrschte, ließ ihn der Herzog durch seine Boten herbeirufen, versammelte gleichzeitig die herausragenden Männer des Landes und das Volk, um sie durch Bitten und Mahnungen zu überzeugen, diesen einstimmig zum Bischof zu wählen. Am folgenden Tag wurde Thietmar, wie es der Herzog wünschte, von allen per Akklamation zum Bischof gewählt und unverzüglich vom Herzog, dem Klerus und dem Volk mit einem Schreiben folgenden Inhalts zu dem allerchristlichsten Kaiser Otto, dem Sohn Heinrichs[53], geschickt: »Glorreicher Kaiser, vortrefflichster Schirmherr der christlichen Religion! Nimm wohlwollend unsere Bitten und die des gesamten Klerus und des Volkes an und setzte den befähigten Thietmar, den wir uns zum Bischof erwählt haben, in sein Amt ein. Darum bitten wir dich demütig.« Dann gab der Kaiser, der sich dem göttlichen Gesetz in voller Ehrfurcht verpflichtet fühlte, dem Reichskanzler, dem Bischof von Mainz, den Auftrag, Thietmar zu weihen, was für das eben christianisierte Volk das Beste war, nachdem er den Rat der Herzöge, Fürsten und Bischöfe gesucht hatte. Der neue Bischof, der jetzt die Mitra trug, kehrte hocherfreut in sein neues Bistum, dessen Amtssprengel ganz Böhmen umfaßte, zurück und wurde nach der Ankunft in der Hauptstadt Prag neben dem Altar des heiligen Vitus inthronisiert, während der Klerus das

53 Es handelte sich hier wohl bereits um Otto II. 973–983.

»Te Deum« anstimmte und der Herzog und die Großen die Allerheiligenlitanei begannen. Die einfachen und ungebildeten Leute riefen immer wieder: »Herr, erbarme dich!« So verbrachte man letztlich den ganzen Tag in gelöster Stimmung.
Im Jahre 968 n.Chr. starb der Graf Vok.

Kapitel 24

Nach seiner Amtseinführung weihte Thietmar die Kirchen ein, die die Gläubigen an vielen Orten zur Ehre Gottes errichteten. Dazu taufte und christianisierte er den größten Teil des Volkes. Nicht viel später, am 2. Januar 969 n.Chr., starb er und brachte seine reiche Ernte beim Herren ein[54].

Kapitel 25

Inzwischen kehrte der Subdiakon Vojtech aus der philosophischen Bildungsstätte[55], wo er zehn Jahre lang studiert hatte mit einer stattlichen Zahl Bücher zurück. Wie ein schwaches Lamm unter der Herde, die den Verlust ihres Hirten betrauert, kümmerte er sich eifrig um die Leichenfeierlichkeiten, betete Tag und Nacht und empfahl auch durch groß-

54 Die Jahreszahl stimmt analog zur obigen Datierung nicht. Ann.Sax. (SS VI 629/630) gibt 983 n.Chr. an. Aber nicht 982.

55 Magdeburg.

zügige Almosen und Fürbitten Gott die Seele des Vaters. Als nun Herzog Boleslaw und seine Berater sahen, wie ergeben dieser den Gottesdienst verrichtete und deshalb erhofften, daß er dies in Zukunft noch demütiger tun werde, baten sie – auf Eingebung des Heiligen Geistes – den jungen Mann, der sich zuerst noch etwas sträubte, in ihre Mitte und sprachen: »Trotz deiner Bedenken mußt du unser Bischof sein, und du wirst auch gegen deinen Willen Bischof von Prag genannt werden. Deine Herkunft[56], deine Integrität und dein Tun prädestinieren dich für die Bischofswürde[57]. Du bist uns bekannt vom Scheitel bis zur Sohle. Du verstehst es hervorragend, uns den Weg in das Himmelreich zu weisen. Wir müssen deine Anordnungen, soweit wir dazu fähig sind, willig befolgen. Klerus und Volk halten dich für den geeigneten Bischof.«
Die Wahl wurde in der Burg Levy Hradec, unweit von Prag, im Todesjahr des Bischofs Thietmar vollzogen.

Kapitel 26

In dieser Zeit kam der vortrefflichste Kaiser Otto II., der Friedensfreund und Wächter über die Gerechtigkeit, Sieger in allen Schlachten und noch berühmter als sein herausragender Vater Otto I., nach

56 s.u. Kapitel 27. Cosmas über dessen Vater.
57 Der 2. Bischof ist der 982 gewählte Adalbert.

Verona, nachdem er den Krieg gegen die Sarazenen beendet hatte[58]. Zu ihm kamen die Vasallen aus Böhmen mit dem neugewählten Bischof und überbrachten die Bitten des Herzogs, des Klerus und des Volkes, die Wahl durch sein kaiserliches Placet zu bestätigen. Der Kaiser kam ihrer berechtigten Bitte nach und investierte ihn am 3. Juni mit Ring und Stab. Der Mainzer Erzbischof Willigis, dessen Suffragan er war, konsekrierte ihn auf Befehl des Kaisers auf den Namen Adalbert. Der Bischof Adalbert von Magdeburg hatte ihn nämlich einst bei der Firmung nach seinem eigenen Namen so genannt. Geweiht wurde er am 29. Juni[59]. Er ritt dann mit seinen Gefolgsleuten in die liebliche Heimat und bestieg demütig und ohne Schuhe, aber unter Jubelgesängen von Klerus und Volk den Bischofsstuhl. Auf Anraten des hervorragenden Hirten Adalbert und auf Bitten seiner geliebten Schwester, der Äbtissin Maria, bestätigte und schenkte der Herzog Boleslaw in großzügigster Weise alles, was der Prager Bischof bis heute in seinem Bistum besitzt und was die Äbtissin für ihr Kloster wünschte.

58 Aber: 983 n.Chr. auch die Niederlage bei Cotrone.

59 Datum ist zweifelhaft, da Willigis nur vom 1. bis zum 17. Juni in Verona anwesend war.

Kapitel 27

970/971 n.Chr.: (keine weiteren Angaben F.H.)
Im Jahre 972 n.Chr. starb der heilige Udalrich[60].
973 n.Chr.–976 n.Chr.: (keine weiteren Angaben F.H.)
Im Jahre 977 n.Chr. starb Dobrawa. Da sie allzu gottlos war, legte sie als reife Frau noch zugunsten des jungfräulichen Kranzes den Schleier ab, als sie den Polenherzog heiratete. Dies galt als große Dummheit für eine Frau ihres Alters[61].
978 n.Chr.–980 n.Chr.: (keine weiteren Angaben F.H.)
Im Jahre 981 n.Chr. starb Slavnik, der Vater des heiligen Adalbert[62].
Wir unterbrechen hier kurz unsere Chronik, um nur weniges zu berichten, obwohl aus seinem Leben viele merkwürdige Dinge bekannt sind. Er war ein klarer Denker, freundlich, hilfsbereit und reich an Gütern und geistigen Fähigkeiten. In seinem Haus wohnten Ehre und ehrliche Wertschätzung, gerechtes Urteilsvermögen, wie auch viele Vornehme aus- und eingingen. Sein ganzes Streben richtete sich danach, die Gesetze zu kennen, den Armen zu helfen, die Trauernden zu trösten, Fremden eine Her-

60 Bischof v. Augsburg, gestorben am 4. Juli 973.
61 Schwester Boleslaws II., bekehrt Miezko v. Polen.
62 Wohl später, da – nach Bruno v. Querfurt – Adalbert nach seiner Rückkehr aus Magdeburg die Eltern noch lebend antraf.

berge zu geben und Witwen und Waisen zu beschützen[63]. Die Hauptstadt hieß Libitz und lag an der Stelle, wo die Cidlina in die Elbe mündet. Sein Fürstentum hatte folgende Grenzen: im Westen das Flüßchen Bila und die Burg auf dem Osseca an der Mies; im Süden – gegen die deutsche Ostmark zu – die Burgen Chynov, Doudleby und Netolice bis zur Mitte des Waldes; im Osten – in Richtung Mährerreich – die östlich des Waldes gelegene Burg Leitomischl bis hin zum kleinen Bach Zwittawa in der Mitte des Waldes; im Norden – in Richtung Polen – die Burg Glatz an der Neiße. Der Herzog Slavnik war, solange er lebte, glücklich.

Kapitel 28

982/983 n.Chr.: (keine weiteren Angaben F.H.)
Im Jahre 984 n.Chr. starb Kaiser Otto II. in Rom[64]. Dieser Kaiser pflegte so freundschaftliche und herzliche Beziehungen zu Adalbert von Prag, daß er ihm am Osterfest, das er in Aachen mit allen Bischöfen feierte, eine besondere Ehre erwies. Er ließ sich von ihm die Krone auf das Haupt setzen[65] und erlaubte ihm, das Hochamt zu zelebrieren, wofür sonst aus-

63 auffallende Ähnlichkeit mit der Charakteristik Boleslaws II., vergl. Kapitel 22.
64 Am 7. Dezember 983.
65 Hier ist natürlich nicht Ottos Krönung gemeint, sondern ein besonderer Ritus an hohen Feiertagen.

schließlich der Erzbischof zuständig war[66]. Als er nach dem Fest vom Kaiser bereits die Erlaubnis zur Heimreise erhalten hatte, ließ ihn dieser noch einmal insgeheim rufen, legte bei ihm die Beichte ab und empfahl sich dem bischöflichen Gebet. Zudem schenkte er ihm Meßgewänder, die er bei der Feier der Ostermesse tragen sollte: eine Albe, eine Dalmatica, eine Casula, eine Cappa und ein Faciterium. Diese Meßgewänder sollte er tragen, um im Gebet des Kaisers zu gedenken. Sie werden noch heute in Prag aufbewahrt und Paramente des heiligen Adalbert genannt[67].

Im Jahre 987 n.Chr. starb Strezislava, die Mutter des heiligen Adalbert, eine ehrwürdige und Gott ergebene Frau, die eines so großen und heiligen Sohnes würdig war.

Im Jahre 990 n.Chr. wurde Adalbert bei St. Alexius (in Rom) als Mönch eingekleidet, ohne daß der Abt wußte, wer dieser war.

Für die Jahre 985/986 und 988–989 sowie 991–994 n.Chr. (keine weiteren Angaben F.H.)

66 Cosmas verwechselt hier Otto II. mit Otto III., der sehr enge Kontakte mit Adalbert pflegte.

67 Albe: aufgeschürzter Leinenrock; Dalmatica und Casula: Meßgewänder; Cappa: Kapuzenmantel; Faciterium: Schweißtuch; Paramente: Überbegriff für die zum Gottesdienst nötigen Gegenstände.

Kapitel 29

Ich will hier nichts übergehen, was andere unberücksichtigt ließen, wie ich aus den vorliegenden Quellen ersehe. Als nämlich der heilige Adalbert sah, daß die ihm anvertraute Herde immer schneller dem Abgrund zueilte und offensichtlich nicht mehr auf den rechten Weg zu bringen war, befürchtete er seinen eigenen Untergang und wagte nicht mehr, in ihrer Mitte zu bleiben. Auch wollte er nicht mehr die Mühe auf sich nehmen, vergeblich zu predigen. Als er gerade nach Rom aufbrechen wollte, kam zufällig Strahkwas, von dem wir schon berichtet haben[68], mit Erlaubnis seines Regensburger Abtes an, um nach vielen Jahren die geliebte Heimat, die Verwandten und seinen Bruder, den Böhmenherzog, zu sehen. Mit diesem nun führte Adalbert eine geheime Unterredung, wobei er sich über die Ungläubigkeit und das zügellose Leben des Volkes, über Inzest, die unerlaubten Scheidungen, die zu kurze Dauer der Ehen, wie über den phlegmatischen und pflichtvergessenen Klerus und die mit unerträglicher Gewalt gepaarte Arroganz der Grafen beklagte. Schließlich eröffnete er ihm seine Absicht, nach Rom zu gehen, um den Papst um Rat zu fragen[69], aber um definitiv nicht mehr zu diesem abtrünnigen Volk zurückzukehren. Er fügte dann noch hinzu: »Es ist gut, daß du der Bruder des Herzogs bist und

68 Vergl. Kapitel 17.
69 Johannes XV. 985–996.

von hier stammst. Dich wird dieses Volk lieber zum Herren haben und williger gehorchen als mir. Mit Rat und Tat deines Bruders wird es dir gelingen, die Selbstgefälligen zu demütigen, die Nachlässigen zu motivieren, die Starrsinnigen zu bessern und die Ungläubigen zu bekehren. Deine Würde, deine Gelehrsamkeit und deine Integrität sind die besten Voraussetzungen für das Bischofsamt. Darum übergebe ich dir nach dem Willen Gottes und aus meiner Machtbefugnis das Pontifikat. In Rom werde ich den Papst bitten, dich noch zu meinen Lebzeiten als Bischof anzuerkennen. Mit diesen Worten übergab er den Bischofsstab, den er gerade in der Hand hielt. Jener warf ihn aber – gleich einem Wahnsinnigen – auf den Boden und sagte: »Ich lehne diese Würde ab, flüchte vor allen Ehrenämtern und verachte die irdische Pracht. Ich glaube, daß ich für das Bischofsamt unwürdig und nicht fähig bin, die Last des Hirtenamtes zu tragen. Ich bin Mönch und darum für die Welt tot, und ich kann die Toten nicht begraben.« Darauf antwortete der Bischof: »Sei dir bewußt, daß du das, was du jetzt weder gerne noch mit zukunftsweisendem Optimismus tust, später doch tun wirst, dann aber zu deinem eigenen größten Schaden!«

Wie beschlossen trat Adalbert dann seine Romreise an und verließ das Volk, das seinen Anordnungen nicht folgte[70]. Weil der Herzog aber zu jener Zeit

70 Adalbert scheiterte am Widerstand des Herzogs und der Grafen, die sich den Vorschriften des kanon. Rechtes nicht fügen wollten (etwa bzgl. des Verbots der Vielweiberei).

krank war[71] und die Amtsgeschäfte mehr oder weniger in den Händen der Grafen lagen, die sich – noch schlimmer als ihre Väter – von Gott abgewandt hatten, begingen diese eine abscheuliche Tat. An einem Festtag[72] drangen sie unbemerkt in die Stadt Libitz ein, wo die Brüder des heiligen Adalbert und die Soldaten der Stadt wie unschuldige Schafe das heilige Meßopfer mitfeierten. Jene brachen aber wie wilde Wölfe ein und töteten alle Männer und Frauen. An den Stufen des Altares enthaupteten sie die Brüder des heiligen Adalbert, beschmutzten die Straßen mit Blut, steckten die Stadt in Brand und kehrten mit ihrer blutigen Beute schadenfroh nach Hause zurück. Es wurden aber in der Stadt Lubic im Jahre 945 n.Chr. fünf Brüder Adalberts getötet, die namentlich bekannt sind: Sobeslaw, Spitimir, Bobraslaw, Borei und Caslaw[73].

Kapitel 30

Nach diesen Ereignissen beriet sich Herzog Boleslaw mit seinen kirchlichen Würdeträgern und wandte sich dann mit folgenden Worten an den Erzbischof von Mainz: »Wir wünschen sehr, daß du uns unseren Hirten Adalbert zurückrufst oder einen anderen in Amt und Würden einsetzt – dies aber

71 Thietmar v. Merseburg spricht von einem Schlaganfall.
72 Fest des heiligen Wenzel.
73 Nicht richtig, da Sobeslaw mit Otto III. auf einem Feldzug gegen die Abodriten war.

nur im äußersten Fall. Denn die Herde Christi, die im Glauben noch nicht gefestigt ist, wird schnell zur Beute blutrünstiger Wölfe, wenn ihnen die fürsorgliche Bewachung durch einen Hirten fehlt.« Der Mainzer Erzbischof war sehr besorgt, daß das erst kürzlich christianisierte Volk erneut dem Aberglauben verfallen und untergehen könnte. Er schickte Legaten zum Papst und bat, der verwaisten Prager Kirche den Hirten wieder zurückzugeben oder die Wahl eines anderen zu erlauben. Da nun Adalbert, der Diener Christi, auf Anordnung des Heiligen Stuhles von der Fürsorge über seine Herde entbunden worden war und im Kloster des heiligen Alexius in erlesener Gesellschaft künftiger Heiliger den Himmel auf Erden genoß, wandten sich der Papst und der Abt des Klosters mit den folgenden tröstenden Worten an ihn: »Bei aller Liebe Gottes und der Nächstenliebe bitten wir dich, geliebter Sohn und geschätzter Bruder, wieder mit neuem Mut in dein Bistum zurückzukehren und die Führung der dir Anvertrauten mit neuer Kraft zu übernehmen. Hören sie auf dich, sei Gott gedankt, wenn nicht, so verlasse die, die dich meiden. Dann sei es dir gestattet, anderen Völkern das Evangelium zu predigen.« Der Bischof freute sich über diese Worte, die ihm ein anderes Missionsgebiet in Aussicht stellten und verließ nicht ohne Wehmut die geliebte klösterliche Gemeinschaft. Mit dem sehr weisen Bischof Notharius (von Lüttich) begab er sich dann zum Erzbischof von Mainz mit der Bitte zu erkunden, ob ihn seine Gemeinde wieder aufnehmen wolle. Was ihm darauf geantwortet wurde, warum er nicht wieder Aufnahme fand, wohin er sich dann begab, wie maßvoll und ehrenhaft er in seinem Bischofsamt wirkte, kann man in seiner Lebens- und Leidensgeschichte nachlesen. Ich beabsichtige nämlich nicht, bereits Tradiertes zu wiederholen.

Als nun der Bruder des Herzogs, Strahkwas, den wir oben schon erwähnten[74], sah, wie der Bischof gleichsam nach Recht und Gerechtigkeit von seinem Volk abgelehnt worden war, überkam ihn in maßloser Selbstsucht die Lust nach der Bischofswürde. Und da es nicht schwer ist, einen, den die Ruhmsucht treibt, zu zwingen, erhob das Volk diesen dummen und durchtriebenen Menschen auf den Bischofsstuhl. Oft läßt der göttliche Wille die Macht schlechter Menschen siegen, wie eben bei dieser unkanonischen und lächerlichen Wahl die Teufel siegten. Denn dieser Strahkwas legte Wert auf Kleidung, war arrogant und unüberlegt in seinen Handlungen, blickte stets unruhig umher, liebte die Worthülsen, war ein Heuchler und irregeführter Mönch und boshaft dazu[75]. Es ekelt mich, noch mehr über diesen falschen Bischof zu berichten. Wenige Worte genügen. Er begab sich nach Mainz zum Erzbischof, und nachdem alles – dem Usus entsprechend – geschehen und die bischöfliche Prüfung beendet war, war-

74 Vergl. Kapitel 29.

75 Man beachte den starken Widerspruch zu dem, was Cosmas über Strahkwas im vorhergehenden Kapitel schrieb. Die Ausführungen hier erscheinen in diesem Licht nicht sehr glaubhaft.

fen sich, während der Chor sang, der Erzbischof samt Mitra und hinter ihm – zwischen zwei Suffraganbischöfen – der zu ordinierende Strahkwas auf die Teppiche vor dem Altar nieder. Als sich Strahkwas gerade niederwarf, es ist fast nicht mit Worten zu beschreiben, fuhr ein böser Dämon in ihn. Was ihm einst unter vier Augen vom Diener Gottes prophezeit worden war, wurde jetzt vor Klerus und Volk offenkundig. Dies mag als Einschub genügen.

Kapitel 31

Im Jahre 996 n.Chr., am 23. April, starb Bischof Adalbert zu Ehren Christi den Märtyrertod, nachdem er Ungarn und Polen missioniert und zuletzt in Preußen das Wort Gottes gepredigt hatte. In diesem Jahr fiel das Osterfest auf den 25. April[76].

Im Jahr 997 n.Chr. schickte der schon erwähnte Herzog Boleslaw – in Sorge um den verwaisten Prager Bischofsstuhl – Boten an Kaiser Otto III. mit der Bitte, der böhmischen Kirche einen würdigeren Bräutigam zu geben, damit das erst kürzlich christianisierte Volk nicht wieder Aberglauben und heidnischem Brauchtum verfalle. Er fügte noch hinzu, daß es augenblicklich in ganz Böhmen keinen Kleriker gebe, der sich zum Bischof eigne. Otto, der Gott und den Menschen gegenüber als sehr aufgeschlossen

76 Cosmas verwechselt hier 996 mit 997. Adalbert starb 997, wie auch Lampert von Hersfeld berichtet.

galt, ging sofort auf die Bitte ein und überlegte intensiv, welchen seiner fähigsten Geistlichen er mit dieser Aufgabe betrauen könnte. Zufällig war in der königlichen Umgebung ein Kapellan namens Theodag[77], ein Sachse, integer und rechtschaffen, sehr gelehrt und mit perfekten slawischen Sprachkenntnissen. Weil diesen nun offensichtlich die göttliche Fügung geschickt hatte, wählten und bestätigten ihn die kaiserlichen Räte wie auch der hocherfreute Kaiser selbst als Bischof von Prag und sandten ihn unverzüglich zum Mainzer Erzbischof, der ihm die bischöflichen Weihen erteilen sollte. Am 7. Juli 998 n.Chr. wurde Theodag geweiht, vom Klerus und Volk Prags mit allen Ehren empfangen und mit großer Freude neben dem Altar des heiligen Vitus auf den Thron gesetzt. Der Herzog beglückwünschte sich, daß wieder ein guter Hirte dem Volk zulächelte und das erfreute Volk seinem Hirten zurücklachte.

Kapitel 32

Der alle überragende Herzog Boleslaw hat nach dem Tod seines Vaters das Herzogtum 32 Jahre lang regiert. Die Angelegenheiten, die Rechtspflege, Katholizismus und Christentum betrafen, besorgte er mit großem persönlichen Engagement. Simonistischen Gebräuchen verschloß er sich völlig. Wie die Fakten belegen, führte er auch erfolgreich Kriege,

77 Mönch von Corvey.

war aber auch gegenüber den Besiegten sehr nachsichtig, wie er überhaupt ein überzeugter Freund des Friedens war. Seine besondere Wertschätzung galt seinen Waffen und dem Waffendienst, denn er schätzte das scharfe Eisen mehr als glänzendes Gold. Kein Tüchtiger fiel bei ihm in Ungnade, Faule dagegen schätzte er nie. Gegen seine eigenen Gefolgsleute war er großzügig und tolerant, gegen Feinde sehr hart. Dieser ruhmreiche Fürst heiratete Hemma, die von adeliger Herkunft und edler als alle anderen war und – was besonders hervorzuheben ist – als moralisches Vorbild galt[78]. Sie brachte zwei vortreffliche Söhne zur Welt: Boleslaw und Wenzel. Wenzel verstarb aber schon sehr früh. Boleslaw jedoch übernahm nach dem Tod seines Vaters die Regierung, was im folgenden dargestellt werden soll.

Kapitel 33

Es ist überliefert, daß der alte Herzog Boleslaw, als sein Todestag nahte, seinen gleichnamigen Sohn zu sich rief und mit letzter Kraft im Beisein seiner Frau Hemma und vieler Großer folgende Worte zu dem geliebten Sohn sprach: »Wenn die Mutter ihrem Kind mit der Muttermilch auch die Weisheit mitge-

78 Cosmas übernimmt hier fast wörtlich Reginos Ausführungen über Ludwig den Deutschen (833–876) für das Jahr 876. Hemma stammte wahrscheinlich aus Bayern.

ben könnte, würde nicht die Natur, sondern der Mensch selbst Herr über den Menschen sein. Gleichwohl hat Gott den Menschen einige besondere Geschenke gemacht: zum Beispiel Noa, Isaak, Tobias und Mathadias, insofern er die Menschen segnete, die jene segneten, denen Beständigkeit gab, die jene für ein sinnvoll erfülltes Leben bestimmt hatten. So ist es auch heute noch, mein Sohn! Wenn der Heilige Geist nicht hilft, nützen meine Worte wenig. Gott spricht: »Ich habe dich zum Herzog gemacht, verfalle nicht der Selbstüberschätzung, sondern sei wie die übrigen. Wenn du dich anderen überlegen fühlst, denke daran, daß du sterblich bist und achte nicht irdischen Glanz, sondern lege Wert auf Werke, die dir zum Heile gereichen. Präge dir diesen Auftrag Gottes ebenso ein wie die Belehrungen deines Vaters. Besuche fleißig die Kirchen, bete Gott an, ehre seine Priester, überschätze deine Weisheit nicht, berate dich mit vielen, ob auch sie deiner Meinung sind. Suche vielen zu gefallen, aber beachte, wer sie sind. Prüfe alles mit Aufgeschlossenheit, prüfe aber deine Berater zuerst mit Sorgfalt. Urteile gerecht, aber nicht herzlos. Verachte weder Witwen noch Fremde, wenn sie vor deiner Türe stehen. Schätze das Geld, doch achte auf Fälschungen[79]. Selbst das größte Reich geht durch unrechtmäßige Münzprägungen schnell zugrunde. Es ist eine Tatsache, mein Sohn, daß der sehr weise und

79 Cosmas nimmt hier irriger Weise eine Münzverschlechterung an.

mächtige König Karl[80], mit dem wir einfache Menschen uns auf keine gemeinsame Stufe stellen können, seinem Sohn Pippin, den er zum Nachfolger in seinem Reich bestimmt hatte, auf Eid verpflichtete, in seinem Reich weder falsch geeichte Gewichte noch Falschgeld zu dulden. Weder Niederlagen, Pestseuchen und hohe Sterblichkeit, noch feindliche Brandschatzungen und Plünderungen schaden dem Volk Gottes mehr als manipulierte Münzverschlechterungen. Welche Pest bzw. welcher Teufel betrügt, plündert und schwächt die Christen schlimmer als der Betrug bei der Münze des Landesherren. Wenn jedoch Gerechtigkeit schwach wird und die Ungerechtigkeit zunimmt, werden keine Herzöge und gerechten Lenker mehr auftreten, sondern geizige und unbarmherzige Diebe und Räuber, die – Werkzeuge des Teufels und ohne Ehrfurcht vor dem allmächtigen Gott – drei- oder viermal im Jahr die Münze ändern, um das Volk Gottes zu ruinieren. Durch solche zweifelhaften Künste und Gesetze werden die Grenzen des Reiches, das ich bis zu den Tritri genannten Bergen jenseits von Krakau ausgeweitet habe, wieder schrumpfen. Reichtum des Volkes gereicht einem Fürsten zur Ehre, ihn berührt aber auch noch mehr als das Volk der Mangel.« Der Fürst wollte noch mehr sprechen, aber seine letzte Stunde war schneller als erwartet gekommen, und er starb.

80 Karl der Große (768–814), dessen Sohn Pippin von 781 bis 810 König von Italien war.

Der Tod wurde mit großer Trauer beklagt. Sein Todestag war der 7. Februar 999 n.Chr.

Kapitel 34

Im gleichen Jahr wurde Gaudentius, auch Radim genannt, der Bruder des heiligen Adalbert als Bischof der Kirche von Gnesen ordiniert[81].

Wie weit aber der ruhmreiche Herzog Boleslaw II., dessen Tod heute noch nicht genug betrauert werden kann und dessen Andenken gesegnet sei, mit Waffengewalt sein Reich erweitert hat, wird in dem Privileg der Prager Kirche durch päpstliches Zeugnis belegt[82]. Nach seinem Tod folgte, wie bereits angesprochen, sein Sohn Boleslaw III.[83], der aber nicht mit dem gleichen Glück und Geschick wie sein Vater den territorialen Besitzstand behaupten konnte. Denn Herzog Miezko von Polen, hinterlistig wie kein zweiter, raubte die Stadt Krakau durch eine List und ließ alle Böhmen, die dort aufgebracht wurden, töten[84].

Herzog Boleslaw hatte von seiner Gemahlin zwei Söhne, die der Stolz der Mutter waren: Udalrich und Jaromir. Der junge Jaromir wurde am väterlichen

81 Gaudentius-Radim war der Stiefbruder Adalberts.

82 Wahrscheinlich bezieht sich Cosmas auf das Privileg Heinrichs IV. (29. April 1086, vergl. Buch II/37).

83 Boleslaw III. 999–1003.

84 Es ist hier eher an Miezkos Sohn Boleslaw Chrobry zu denken, da Miezko bereits 992 starb.

Hofe erzogen, Udalrich bereits im Knabenalter an dem Hof Kaiser Heinrichs[85] höfisch erzogen. Dort lernte er auch die deutsche List kennen[86].

Nicht viel später kamen die beiden Herzöge Miezko und Boleslaw an einem verabredeten Ort zu einer Besprechung zusammen, und nachdem sie sich gegenseitig durch Eid die persönliche Sicherheit garantiert hatten, lud Herzog Miezko Boleslaw zum Besuch ein. Dieser aber, gleichsam wie eine Taube ohne jeglichen Argwohn, war nach Beratung mit seiner engsten Umgebung zu allem bereit. Welche Pest ist aber gefährlicher als Feindschaft im eigenen Hause? Da er den heimtückischen Anschlägen bzw. seinem Schicksal nicht entrinnen konnte, rief er in weiser Voraussicht die Angesehensten, auf die er sich verlassen zu können glaubte und denen er die Regierung überlassen wollte, zu sich und sprach: »Wenn nun, was nicht eintreten möchte, wider Erwarten und unter Bruch des geleisteten Eides in Polen etwas geschehen sollte, vertraue ich euch meinen Sohn Jaromir als Nachfolger im Herzogamt an.« Nachdem er so die Amtsgeschäfte geregelt hatte, brach er, der das Augenlicht verlieren sollte, auf und kam unter schlechten Vorzeichen nach Krakau zum Gastmahl des meineidigen Herzogs Miezko. Denn noch während des Festessens wurden

85 Heinrich war zu dieser Zeit noch Herzog von Bayern, König war er erst ab 1002, Kaiser ab 1014.

86 Hintergrund: Cosmas war eher »deutschfeindlich« eingestellt.

Friede, Vertrauen und das Gastrecht verletzt. Herzog Boleslaw wurde gefangen genommen und geblendet, seine Gefolgsleute teils getötet, teils verstümmelt, teils in Gefangenschaft gehalten. Indessen begingen die Feinde seines Hauses und das Personal in Böhmen, sie stammten aus dem verhaßten und schlimmen Geschlecht der Wrissowici[87], eine schreckliche und in früherer Zeit unerhörte Schandtat. Der Kopf dieser und der ganzen Verschwörung war Kochan, lasterhaft und schlecht wie sonst niemand. Dieser nun und seine Verwandten, wie gesagt – übel gesonnene Leute –, kamen nun mit Jaromir, dem Sohne des Herzogs auf der Jagd an einen Platz namens Weliz und sagten, nachdem sie von den Vorgängen in Polen durch ein Gerücht erfahren hatten: »Wer ist dieses Männlein, schlechter als Seegras, das über uns als Herr und Gebieter herrschen soll? Gibt es unter uns keinen Besseren, der der Herrschaft würdiger ist?« O welch eine üble Gesinnung! Was sie nämlich nüchtern nur hinter vorgehaltener Hand aussprachen, posaunten sie im alkoholisierten Zustand hinaus. Nachdem sie sich in ihrer Bosheit in Rage geredet und Mut angetrunken hatten, ergriffen sie ihren Herrn, banden ihn nackt – auf dem Rücken liegend – mit Armen und Beinen auf Holzpflöcke und legten ihn auf den Boden, um wie im

87 Cosmas ist den Wrissowici gegenüber feindlich eingestellt, da über die hier erwähnte Schandtat in anderen Quellen nichts belegt ist.

kriegerischen Waffentanz über ihn hinwegzureiten.

Als das nun einer der Leibeigenen namens Dovora sah, eilte er nach Prag, um den Freunden des Herzogs zu vermelden, was geschehen war. Er führte sie sofort an den Ort dieses grausamen Geschehens. Sobald die Missetäter diese bewaffnet kommen sahen, flohen sie wie die Fledermäuse in den dunklen Wald. Jene fanden aber den jungen Herzog halbtot, von Fliegen, die sich gleich einem Bienenschwarm auf dem nackten Körper niederließen, fürchterlich zerstochen. Sie befreiten ihn, legten ihn auf einen Wagen und brachten ihn auf die Burg Wischehrad. Dem Leibeigenen Dovora, dem ruhmreichen Retter des Herzogs, wurde sein Verdienst fürstlich entlohnt. Durch einen Herold wurde öffentlich bekannt gemacht, daß er und seine Nachkommen für alle Zeit frei sein sollten. Auch gab man ihm den Hof Stebecna und das Amt des Jägermeisters, das seine Nachkommen noch bis auf den heutigen Tag innehaben.

Kapitel 35

Während dies in Böhmen geschah, rückte Herzog Miezko mit einem großen Heer heran und nahm Prag für zwei Jahre ein[88]. Die Burg Wischehrad blieb aber als uneinnehmbare und nicht zu erschüt-

88 nicht Miezko, sondern Boleslaw Chrobry.

ternde Festung ihrem Herzog treu. Gleichzeitig schickte Herzog Miezko Boten an den Kaiser, die durch viel Geld erreichen sollten, daß der Kaiser[89] den an seinem Hof befindlichen Herzogssohn Udalrich in Kerkerhaft nahm. O allmächtige Geldgier! Wo blieb das sonst so unbestechliche Gerechtigkeitsgefühl des Reiches? Der Kaiser, der Herr über das Gold, gab dem Verlangen aufgrund des überwältigenden Angebotes des Herzogs nach und ließ sich dadurch zum Keller- und Kerkermeister des Herzogs degradieren[90]. Es ist nicht verwunderlich, wenn dieser dem Herzog zu Diensten war, da doch erst kürzlich Wazek, der aus einer Mühle auf dem Lande stammte, den mächtigen König Heinrich III.[91] – welch ein unwürdiges Schauspiel wurde da geboten – an einer goldenen Kette wie einen Jagdhund nach Böhmen führte. Was der Diener der Diener befahl, führte der Herr der Herren aus. So ließ er Herzog Boriwoi[92], der das Recht hartnäckig verteidigte und die Wahrheit liebte, wie einen Ungerechten und Lügner bis an die Knie gefesselt in das Gefängnis werfen. Das soll aber an anderer Stelle berichtet werden.

89 Heinrich II.; vergl. Kapitel 34.
90 Widerspruch zu Thietmar von Merseburg. Nach ihm führte Heinrich II. Jaromir und Udalrich nach Böhmen zurück, nachdem ihm Miezko die Huldigung versagt hatte.
91 Cosmas irrt, es war Heinrich V. (1105–1125), vergl. Buch III Kapitel 32.
92 Boriwoi II. (1101–1107 und 1117–1120).

Kapitel 36

Im Jahre 1002 n.Chr. erbarmte sich Christus wieder der Böhmen, und der heilige Wenzel eilte ebenfalls zur Hilfe. Herzog Udalrich kehrte in sein Vaterland zurück und brachte Drevic, die fast uneinnehmbare Festung, wieder in seine Gewalt, wobei man nicht weiß, ob er heimlich entfloh oder auf kaiserlichen Befehl freigelassen wurde[93]. Von dort aus schickte er einen ihm treu ergebenen Ritter mit dem Auftrag los, nachts in die Stadt Prag einzudringen und den ahnungslosen Feind durch das Schmettern der Trompete zu erschrecken. Der treue Dienstmann tat unverzüglich, wie ihm aufgetragen worden war, stieg auf eine Anhöhe inmitten der Stadt, genannt Zizi[94], stieß in die Trompete und rief laut: »Die Polen fliehen, sie fliehen schändlich und konfus, Böhmen, verfolgt sie mutig mit eueren Waffen!« Bei diesen Rufen verbreiteten sich bei den Polen unter wunderbarer Mithilfe Gottes und auf die Fürbitten des heiligen Wenzel Furcht und Schrecken. Alle flüchteten. Einer vergaß seine Waffen und sprang – so wie er war – auf das ungesattelte Pferd, ein anderer ergriff – aus dem Schlaf gerissen– ohne Hosen die Flucht. Einige der Flüchtenden stürzten von der Brücke, da diese – wie verhängnisvoll für die Feinde – zerbarst. Wieder andere entkamen auf einem steilen und engen Seitenweg, »Schwanz der

93 Thietmar berichtet, daß Jaromir 1004 Prag eroberte.
94 Ort, wo heute das Kloster Strahov steht.

Burg« genannt[95], wobei wegen der Enge zahlreiche Polen erdrückt wurden und der Herzog Miezko nur mühsam mit wenigen Begleitern entkam. Auch hier war es wie immer, wenn Menschen in Panik geraten, jeder Luftzug erschreckt sie und steigert ihre Furcht. Obwohl sie niemand verfolgte, glaubten sie, daß Steine und Wände ihnen förmlich hinterherriefen und ihnen folgten. Am nächsten Tag zog Herzog Udalrich in die Stadt ein, und nur drei Tage später blendete er seinen Bruder Jaromir, dem hinterlistigen Rat der gleichen Feinde des Hauses folgend, von denen wir schon berichtet haben[96]. Da seine (erste) Ehefrau unfruchtbar war, hatte Udalrich keinen leiblichen und legitimen Nachfolger. Aber von Bozena, seiner (zweiten) Ehefrau, einer Leibeigenen, hatte er einen hübschen Sohn, den er Bretislaw nennen ließ. Als er nämlich einmal auf dem Nachhauseweg von der Jagd durch ein Dorf kam, sah er die eben genannte an einem Brunnen waschen und verliebte sich in sie. Sie hatte einen wunderschönen Körper, war weißer als der Schnee, geschmeidiger als ein Schwan, glänzender als altes Elfenbein, schöner als ein Saphir. Der Herzog ließ sie sofort zu sich bringen, löste aber die bestehende Ehe nicht auf, da es damals jedem freistand, zwei oder drei Frauen zu haben. Auch war es damals kein Unrecht, wenn ein

95 Möglicherweise der Hirschgraben, durch den die Brusnice fließt.

96 Thietmar spricht zunächst von einer Thronbesteigung Jaromirs, der dann 1012 von Udalrich vertrieben und erst 1034 geblendet wurde.

Mann einem anderen die Frau wegnahm oder eine Frau den Mann einer anderen heiratete. Damals galt es als Schande in Monogamie zu leben, da man gleichsam wie das Vieh ein sehr freizügiges Geschlechtsleben genoß. Heute wirkt das anstößig.

Kapitel 37

Im gleichen Jahr starb Kaiser Otto III.[97], um – wie jeder Fromme – an der Seite Gottes zu sitzen.
Ihm folgte sein Sohn Kaiser Heinrich[98], der neben anderen Ruhmestaten zu Ehren Christi auf einem Berg, den er teuer vom Besitzer namens Pabo kaufte, ein Kloster namens Bamberg, was Berg des Pabo heißt, erbaute. Dort errichtete er auch ein Bistum, dessen Bischof er mit Gütern und Privilegien so großzügig ausstattete, daß dieses Bistum nicht als das letzte, sondern als das zweite gleich nach dem Erzbistum im Reich galt. Auch errichtete er dort eine majestätisch große Kirche zu Ehren der heiligen Jungfrau Maria und des heiligen Märtyrers Georg. Sie beschenkte er ebenfalls mit Kirchengütern, Gold- und Silberschmuck und weiteren königlichen Prunkstücken, so daß ich es vorziehe, darüber zu schweigen, um nicht zu wenig zu erzählen.
Nur ein treffendes Beispiel von vielen möchte ich

97 1002 n.Chr.
98 Cosmas irrt; Ihre Großväter waren Brüder: Otto I. und Heinrich von Bayern.

berichten. Nicht weit von der genannten Stadt gab es einen vorbildlich lebenden Einsiedler. Diesen besuchte der Kaiser oft heimlich, um sich seinem Gebet anzuvertrauen, oft nur von einem einzigen Dienstmann begleitet, indem er vorgab, zur Jagd zu reiten oder Geschäfte erledigen zu müssen.

Als Heinrich nun vom Einsiedler von einer geplanten Pilgerreise nach Jerusalem erfuhr, stattete er ihn reichlich mit Geld aus und übergab ihm einen goldenen Meßkelch, der wegen seiner Größe zwei Henkel hatte – wir nennen diese »Ohren« –, um bei der Wandlung in der Messe leichter hoch gehoben werden zu können. Diesen sollte er dreimal in den Jordan tauchen, wo Christus von Johannes getauft wurde. Wie ging die Sache dann weiter? Der Mann Gottes zog nach Jerusalem und kam der Bitte (Heinrichs) nach. Dreimal tauchte er den Kelch in den Jordan. Den Rückweg nahm er über Konstantinopel und Bulgarien. Hier lebte ein Einsiedler mit heiligem Lebenswandel. Ihn besuchte der Jerusalempilger und nach vielen erbaulichen Gesprächen bat er ihn demütig, für das Heil Kaiser Heinrichs zu beten. Darauf antwortete jener: »Es ist nicht nötig, für sein Heil zu beten, da er – das Tal der Tränen bereits hinter sich lassend – schon das Reich der Heiligen erreicht hat.« Der Pilger bat ihn eindringlich, ihm zu sagen, woher er dies wisse, worauf jener antwortete: »In der vergangenen Nacht – zwischen Wachen und Schlaf – hatte ich eine Vision. Ich kam auf eine hohe, weite und herrliche Ebene. Dort sah ich sehr häßliche Teufel, aus deren Mund und Nase Feuer und Schwefel austraten und die den Kaiser Heinrich am Bart zu Gericht zogen. Andere stachen ihm mit eisernen Gabeln in den Hals und riefen fröhlich: »Er gehört uns! Er gehört uns!« Mit großem Abstand folgten ihnen – gleichsam in tiefer Trauer – die heilige Maria und der heilige Georg, als ob sie mit den Teufeln stritten und ihnen den Kaiser entreißen wollten, bis in der Mitte der Ebene eine Waage aufgehängt wurde, deren Schalen immens groß waren. In die linke Schale nun wurden riesige Gewichte und Unzähliges, was zu den sog. schlechten Taten gehört, gelegt. Auf der anderen Seite sah ich den heiligen Georg ein Münster und ein ganzes Kloster hineinlegen, sah goldene, mit Edelstein bestückte Kreuze, Reliquienbehälter mit Gold und Juwelen verziert, goldene Leuchter und Rauchfässer, unzählige Prachtgewänder und alles, was der König in seinem Leben an guten Taten vollbracht hatte. Noch hatten aber die Bösen einen Vorteil und riefen: »Er gehört uns! Er gehört uns!« Da nahm die Heilige Maria einen großen, goldenen Kelch aus der Hand des heiligen Georg, schüttelte dreimal das Haupt und sprach: »Fürwahr, nicht euch, sondern uns gehört er!« Mit großer Entrüstung schleuderte sie den Kelch gegen das Münster, so daß ein Henkel abbrach. Bei diesem Klang verschwand die Schar der Bösen. Die heilige Maria nahm den Kaiser bei der rechten, der heilige Georg bei der linken Hand, und beide führten ihn mit sich fort in den Himmel, dessen bin ich ganz sicher.«

Der Jerusalempilger dachte über das nach, was er

erfahren hatte, sah nach seinem Gepäck und fand einen Henkel des Kelches abgebrochen, wie es der Einsiedler vorausgesagt hatte. Dieser Kelch wird noch heute im St. Georgskloster in Bamberg als Zeichen eines großen Wunders aufbewahrt. Im Jahre 1003 n.Chr. wurden die Wrissowici ermordet.

Kapitel 38

Im Jahre 1004 n.Chr. erlitten Benedictus und seine Freunde den Märtyrertod. Zur Zeit Kaiser Heinrichs II., der nach Otto III. das Reich regierte, lebten in Polen fünf Einsiedlermönche, wahre Israeliten: Benedictus, Matthäus, Johannes, Isaak, Christinus und Barnabas. Bei ihnen gab es weder arglistige Täuschung noch unrechte Taten. Über das Leben dieser Männer könnte ich vieles schreiben, möchte aber absichtlich nur weniges berichten, da eine nur spärlich angebotene Speise immer besser mundet. Ihr Lebenswandel war bewundernswert und nachahmenswert für alle, die ihnen folgen wollten, denn schließlich bewundern wir deswegen die Verdienste der Heiligen, um durch ihre Nachahmung selbst bewundernswert zu werden. Diese fünf Männer können wir durchaus mit den fünf Hallen des Schafteiches[99] oder den fünf Jungfrauen vergleichen, die, da sie selbst arm, aber barmherzig waren, den

99 Bethesda-Teich in Jerusalem vergl. Johannes 5,2 bzw. Matthäus 25,2.

Armen, die sie bei sich zu Hause pflegten, nach ganzen Kräften mit den Gaben der Barmherzigkeit halfen. Die fünf Männer also lebten so kärglich, daß man am Sonntag zwar zweimal oder einmal, aber insgesamt nie täglich Speisen zu sich nahm. Als Nahrung diente ihnen selbst angebautes Gemüse. Brot hatten sie selten, Fisch nie. Hülsenfrüchte oder Hirse war ihnen nur an Ostern gestattet. Sie tranken reines Wasser, das aber wiederum nur sehr mäßig. Fleischspeisen haßten sie, den Anblick einer Frau verabscheuten sie. Ihre Kleidung war hart und rauh, Pferdehaare dienten ihnen hierfür als Material. Auf ihren Nachtlagern hatten sie an der Stelle eines Kissens einen Stein und eine einzig, noch dazu sehr alte Matte statt eines Deckbettes. Den Schlaf raubten sie sich selbst, indem sie die ganze Nacht aufrecht standen und über die eigenen Verfehlungen und die des Volkes trauerten. Bald hörte man – die Haut war folglich schon blau unterlaufen – das permanente »mea culpa«-Schlagen, bald schwitzten die Körper, ermattet durch die unzähligen Kniebeugen, bald standen sie mit ausgebreiteten Armen und zum Himmel erhobenen Augen da, und jeder bat seufzend um die Aufnahme in die himmlische Herrlichkeit. Nie sprachen sie miteinander, bestenfalls mit Gästen und dann nur wenige Worte. Sie hörten nicht nur das Wort Gottes, sie lebten es. Sie kreuzigten sich mit allen Lastern dieser Welt, sie nahmen das Kreuz in Geist und Tat auf sich, opferten Gott kein fremdes Tier, sondern sich selbst, weil sie sich täglich wechselseitig geißelten. Dies war ihre tägliche Bußübung: Nach der gebeteten Prim[100] machte sie den Rücken frei, legten sich auf den Boden und sagten zum Mitbruder: »Schone mich mit der Geißel nicht, denn Schonen ist Sünde!« Darauf antwortete der mit der Geißel bereit stehende Mitbruder: »Dein Wille geschehe!« Während er geißelte, betete er: »Möge dir, der du büßest, der Herr die Sünden vergeben.« Dann legte er sich selbst mit entblößtem Rücken auf den Boden, Keiner beklagte sich während der Geißelung über den Schmerz, im Gegenteil! Er betete das »Miserere mei Deus« und das »Benedicite«, denn man erträgt leichter, wenn man freiwillig zu erdulden bereit ist. Gott im Himmel sah ihre Geduld, den makellosen Lebenswandel, ihre Glaubensstärke und ihre Bußübungen und wollte sie entlohnen und auf wunderbare Weise in sein Reich heimholen. Als Herzog Miezko von ihnen und ihrem heiligen Leben hörte, besuchte er sie mit wenigen Begleitern, um sich den heiligen Männern anzuvertrauen. Er sah auch ihre Armut und schenkte ihnen deshalb ein beachtliches Vermögen, ein Säckchen mit hundert Mark. Nach der Aufnahme in ihre Bruderschaft und Gebetsgemeinschaft kehrte er mit inständigem Bitten, daß sie ja seiner gedächten, an seinen Hof zurück.

Die Brüder aber wußten nicht, wie sie das Geld verwenden sollten, da sie noch nie in dieser Situation waren. Sie waren ratlos. Nachdem sie schon seit

100 Morgengebet, kurz vor Tagesanbruch.

einem halben Jahr nicht mehr miteinander gesprochen hatten, öffnete einer den Mund und sprach: »Gold und Silber sind Fallstricke des Todes. Jene, die im Überfluß des Geldes leben, werden wohl nicht so leicht in den Himmel kommen, sondern vielmehr in der Hölle des Ätna Qualen erleiden. Zweifelsohne ist dies eine Versuchung durch die Feinde der Menschen, um uns zu Feinden Christi zu machen, denn wer weltliche Freuden genießt, wird zum Feind Gottes. Die Menschen, die seine Gebote nicht halten, sagen sich von Gott los. Nun gilt aber Gottes Wort: Niemand kann zwei Herren dienen!«, und – gleichsam als Erklärung fügte er hinzu: »Ihr könnt nicht Gott und Geld gleichzeitig dienen! Wir, die wir bisher in Genügsamkeit lebten, werden Sklaven des Geldes sein. Zittert nicht der Wohlhabende bei jedem Luftzug? Oder ist der Arme nicht unbeschwert, wenn er den Räuber trifft? Sind nicht schon oft genug Räuber zu uns gekommen? Manchmal verließen sie uns, nachdem sie uns geschlagen hatten, manchmal, nachdem wir sie gesegnet hatten. Wahrlich, schon geht das Gerücht, wir liebten die Annehmlichkeiten der Welt. Gegen uns schreit auch das Geld selbst, da es nie schweigen wird, und bald werden uns verruchte Räuber heimsuchen, weil allgemein bekannt ist, wie es um die Herren bestellt ist. Dieses Geld, der Keim des Todes und die Nahrung des Bösen, dieser Schaden für die Seele, sollte möglichst schnell von hier entfernt und dem zurückgebracht werden, dem es gehört.« Sie schickten Barnabas, einen Mitbruder, der sich immer um die sog.

»auswärtigen Angelegenheiten« kümmerte, los, um den Herzog von den Brüdern folgendes zu übermitteln: »Obgleich wir Sünder und Unwürdige sind, beten wir doch fortwährend für euch. Wir haben nie Geld besessen und wollten auch keines besitzen. Unser Herr Jesus Christus verlangt von uns nicht Geld, sondern gute Werke, die doppelt wiegen. Wenn ein Mönch Geld besitzt, ist er vor Gott nichts wert. Nimm also das Geld, das dir gehört, uns ist solcher Besitz nicht erlaubt.« Während sich Barnabas gerade auf der Reise zum Herzog befand, erschienen schon zur ersten Nachtstunde Räuber, die die Türe aufbrachen und die Mönche bei Gebet und Psalmengesang fanden. Sie setzten ihnen das Schwert an die Kehle und riefen: »Wenn ihr noch länger im Frieden leben wollt, dann rettet euch, indem ihr das Geld herausgebt. Wir wissen genau, daß ihr Geld vom König bekommen habt.« Jene beschworen Gott und beharrten darauf, kein Geld zu haben. Sie antworteten: »Das Geld, das ihr sucht, ist bereits wieder in der Schatzkammer des Herzogs, weil wir kein Geld brauchen. Wenn ihr dies nicht glaubt, so durchsucht nach Belieben unsere Behausung, aber verschont unser Leben.« Die Räuber sagten aber nur hartherzig: »Es bedarf keiner Worte. Entweder ihr gebt uns das Geld des Herzogs, oder ihr erleidet einen qualvollen Tod.« Sogleich fesselten sie die Brüder, folterten sie die ganze Nacht und töteten sie schließlich mit dem Schwert. So hat die Raserei der Bösen sie in das Himmelreich gebracht. Das Martyrium erlitten die fünf Brüder Benedictus,

Matthäus, Isaak, Christinus und Johannes am 11. November 1004 n.Chr.

Kapitel 39

1005 n.Chr.: (keine Angaben F.H.)
Im Jahre 1006 n.Chr. erkrankte die Fürstin Hemma, eine Perle unter den Frauen, an Fieber und starb. Ihre Grabinschrift sah ich, oder ich erinnere mich, sie gesehen zu haben. Sie lautet: »Früher eine Perle, jetzt Staub. Hier ruht die Herzogin Hemma. Bitte für sie: Herr, gib ihr die ewige Ruhe!«
1007 n.Chr.: (keine Angaben F.H.)
1008 n.Chr.: Stephan, König der Ungarn machte sich besonders verdient (HS C_1)
1009 n.Chr.: Das St. Prokopskloster wurde gegründet (HS C_3)
1010 n.Chr.: (keine Angaben F.H.)
1011 n.Chr.: Einweihung der Kirche zu Bamberg
1014 n.Chr.: Kaiserkrönung Heinrichs
1015 n.Chr.: Kaiser Heinrich unterwirft Herzog Boleslaw von Polen (HSS $C_{1,2}$)[101]
Am 11. Juni 1017 n.Chr. starb Theodag, der dritte Bischof der Prager Kirche. Dieser Theodag war ein würdiger Nachfolger des heiligen Adalbert. Er lebte keusch, sein Lebenswandel leuchtete wie Gold, seine Taten wie Purpur. Er bekämpfte wie sein Vorgänger

101 Vergl. hierzu die kritische lateinische Textausgabe von B. Bretholz S. 72.

die schlimmen Verfehlungen des ihm anvertrauten Volkes und litt dabei weniger ein körperliches als vielmehr ein seelisches Martyrium. Er starb auch nicht wie andere Menschen, sondern folgte Gott, in dessen Frieden er schläft und ruht.
Im Jahre 1018 n.Chr. folgte ihm Ekkhard im Bischofsamt[102].
1019/1020 n.Chr.: (keine Angaben F.H.)

Kapitel 40

Inzwischen wuchs auch Bretislaw, der Sohn des Herzogs, zum jungen Mann heran und gewann an tugendhafter Reife. Was er auch anfaßte, er brachte es zu einem glücklicheren Ende als die anderen, zudem war er schöner, stärker und klüger als sie. In schwierigen Situationen bewies er Mut, nach Erfolgen zeigte er sich maßvoll.
Zu dieser Zeit lebte im Deutschen Reich ein sehr mächtiger Graf, dem man den Namen »Otto der Weiße« gab und der aus dem Geschlecht des Königs stammte. Seine Tochter Judith[103] war so schön wie sonst kein Mädchen auf der Welt. Ihre Eltern gaben sie zur standesgemäßen Erziehung in das sehr gut befestigte Kloster Schweinfurt.

102 Früher war er Abt von Nienburg.
103 Hier irrt Cosmas. Judiths Vater war der Markgraf Heinrich von Schweinfurt, Otto war ihr Bruder.

Aber welche noch so hohen Türme und dicken Mauern können der Liebe entscheidenden Widerstand entgegensetzen und die Liebenden trennen? Die Liebe besiegt alle, auch Könige und Herzöge! Als nun Bretislaw, der schönste junge Mann und der tapferste Held, von zahlreichen Gewährsmännern über die außergewöhnliche Schönheit der jungen Adeligen, ihre moralische Integrität und die herausragende gesellschaftliche und politische Stellung ihrer Familie erfuhr, beschäftigten sich seine Gedanken nur noch mit der Frage, ob er sie gewaltsam befreien oder offiziell um sie werben sollte. Er bevorzugte es, vollendete Tatsachen zu schaffen, anstatt zu bitten und sich zu verbeugen. Er wußte nämlich um die den Deutschen angeborene Arroganz und um deren hochnäsige Ablehnung der Slawen und ihrer Sprache. Je unerfüllbarer die Liebessehnsucht zu sein scheint, desto mehr motiviert Amor den Erfindungsreichtum des Liebenden. Der durch die Liebesleidenschaft beherrschte Geist des jungen Mannes wogte hin und her wie die Flammen des Ätna und sprach schließlich zu sich selbst: »Entweder werde ich eine hervorragende Gemahlin nach Hause führen, oder mit unaufhörlichem Hohn verspottet werden. Es darf und kann nicht sein, daß Judith, die Tochter herausragender Eltern, die schöne und liebenswürdige Adelige, die herrlicher als das Sonnenlicht und mir lieber als mein eigenes Leben ist, die zum immerwährenden Lobe Gottes leben möge, nicht mir gehören soll.« Den entschlossensten und treuesten seiner Gefolgsleute trug er auf, zuverlässige und ausdauerstarke Pferde zu satteln, indem er vorgab, daß er schnell zum Kaiser reiten und von dort unverzüglich wieder zurückreiten wolle. Die Männer führten den Auftrag aus, ohne die wahren Absichten ihres Herren zu kennen. Sie wunderten sich insgeheim nur über ihre Reisegeschwindigkeit und standen nach sieben Tagen als Gäste vor der Pforte des genannten Klosters. Der Sohn des Herzogs verbot ihnen, über seine Identität und Herkunft Auskunft zu geben. Vielmehr sollten sie ihn wie ihresgleichen behandeln. Die Taten des Odysseus, der Achilles aufspürte, und des Paris, der Helena raubte, verblassen vor der ausnehmend kühnen Tat des Bretislaw. Nachdem ihnen erlaubt worden war, im Gästebereich des Klosters zu übernachten, tat es Bretislaw einem Wolf gleich, der um den Schafstall schleicht und eine Lücke sucht, um ein schönes kleines Lamm zu rauben. So durchsuchte er mit durchdringendem Blick und höchster Konzentration das Kloster. Zuerst plante er, mit Gewalt in das Innere des Klosters einzubrechen, nahm dann aber Abstand davon, da er nicht genügend Bewaffnete zur Verfügung hatte. Glücklicherweise war gerade ein Festtag, und Judith, die tausendfach Ersehnte, verließ mit ihren Mitschwestern das Kloster, um, einem Brauch folgend, mit den anderen jungen Mädchen die Vesperglocke in der Mitte der Kirche zu läuten. Wie ein Wolf, der aus seinem Versteck hervorbricht, um ein Lamm zu rauben und im Bewußtsein seiner Untat sich dann mit gesenktem Schweif aus dem Staub macht und sich ein entlegenes Versteck sucht, so geriet der kühne Räuber bei ihrem Anblick vor Freude fast völlig außer Fassung. Er raubte die junge Adelige und floh mit ihr. Als er nun an das Tor kam, fand er dieses durch eine Eisenkette, die stärker als ein dickes Tau war, verschlossen und somit den Weg ins Freie versperrt. Sofort zog er sein Schwert und zerschlug die Kette wie einen Halm, was man heute noch gleichsam als Beleg für diesen mächtigen Schwertstreich sehen kann. Da aber seine übrigen Gefährten davon nichts wußten und in ihren Zelten waren, wurden sie von den herbeieilenden Feinden ergriffen. Einigen wurden die Augen ausgestochen und die Ohren abgeschnitten, anderen Hände und Füße verstümmelt, während der Herzog mit nur wenigen Gefolgsleuten und der geraubten jungen Dame in der finsteren Nacht entkam.

Der Raub der Judith geschah im Jahre 1021 n.Chr.

Damit aber den Deutschen keine Möglichkeit gegeben wurde, sich über die Schmach, die ihnen die Böhmen zugefügt hatten, zu beklagen, begab er sich unverzüglich mit seiner Braut nach Mähren, nachdem er seinen Vater, Herzog Udalrich, begrüßt hatte. Sein Vater hatte ihm nämlich dieses ganze Land gegeben, nachdem die Polen aus allen Städten vertrieben, viele gefangen und zu je 100 in Ketten gelegt und nach Ungarn und weiter verkauft worden waren. Nach dem Tode Boleslaws II. hatten die Polen nämlich – wie schon die Stadt Prag – ganz Mähren unterworfen.

Im Jahre 1002 n.Chr. wurden in Polen die Christen

verfolgt[104]. Im Jahre 1023 n.Chr. starb Ekkhart, der vierte Bischof von Prag, um das ewige Leben zu empfangen. Dieser Bischof war unnachgiebig gegenüber den Mächtigen, freundlich und bescheiden zu den einfachen Menschen, er war ein eloquenter Prediger, gab reichlich Almosen und führte viele Menschen an den Tisch des Herrn. Er hatte verfügt, daß jeder, ob mächtig, arm oder reich von seinem Lehen oder Eigen zwei Scheffel von fünf Handbreiten und zwei Fingerbreiten Weizen oder Hafer an den Bischof entrichten sollten. Früher entrichtete man, wie es unter dem ersten Bischof Thietmar festgesetzt worden war, als Zehnten zwei Haufen zu je 50 Garben von der eingebrachten Ernte.
Nach seinem Tod wurde Izzo Bischof und am 29. Dezember des gleichen Jahres vom Mainzer Erzbischof geweiht.

Kapitel 41

Am 12. Juli 1024 n.Chr. starb Kaiser Heinrich II.[105].
Am 17. Juni 1025 n.Chr. starb König Boleslaw von Polen.
1026 n.Chr.: König Konrad wurde in Rom gekrönt (HS C)[106].

104 Irrtum Cosmas'. Dies war 1034, nach dem Tod Herzogs Miezkos II.
105 Als Todestag gilt der 13. Juli.
106 Das geschah 1027 n.Chr.

1030 n.Chr.: In diesem Jahr schlug Herzog Bretislaw die Ungarn in einem fürchterlichen Blutbad und verwüstete ihr Land bis nach Gran. Am 30. Januar des gleichen Jahres starb Izzo, der fünfte Bischof der Prager Kirche. Er verließ diese Welt, um herrlichen Lohn zu empfangen. Von adeliger Herkunft lebte er ihnen in vorbildlicher Weise vor, was er anderen zur Auflage machte. Denn sein eigenes Haus kennt man erst dann richtig, wenn man um die Gefängnisse und um die Wohnungen der Kranken weiß. Auch blieb ihm nicht verborgen, wie viele Seelen für das Leben wiedergewonnen wurden, wieviele der Tod in sein Schattenreich entführte. Außerdem war er es auch gewohnt, täglich 40 Arme mit Speis und Trank, die er selbst segnete und mit großer Freude verteilte, reichlich zu bewirten. Er war von schöner Gestalt und hatte ein Haar, bleicher als Schwanengefieder. Daher kam auch sein Beiname: Man nannte ihn den weißen und freundlichen Bischof Izzo. Ihm folgte Severus, der sechste Prager Bischof. Dieser war bereits in seinen Jugendjahren durch Dynamik und Geschick bekannt geworden, denn er erwarb sich am Hof des Herzogs durch seine Dienste größere Auszeichnung als alle anderen. Folglich war seine aufmerksame Dienstleistungsbereitschaft dem Herzog sehr willkommen. Er war immer ein Vorbild bei der Verrichtung geistlicher wie weltlicher Ämter. Auf der Jagd hielt er sich stets in der Nähe des Herzogs auf. Er erlegte als erster den Keiler, schnitt ihm den Schweif ab, waidete ihn aus und bereitete ihn ganz nach den Wünschen seines Herren, den er ihm, wenn dieser kam, zur Speise vorsetzte, weshalb Udalrich oft gesagt haben soll: »O Severus, ich sage dir, wahrlich für diese wohlschmeckende Speise verdienst du die Bischofswürde!« Durch diese und ähnliche Bemühungen erwarb er sich die Gunst des Herzogs und machte sich allgemein beliebt. Im Jahre 1031 n.Chr., am Fest der heiligen Apostel Peter und Paul wurde Severus vom Mainzer Erzbischof ordiniert. Im gleichen Jahr wurde Spithinew, der Sohn des Herzogs Bretislaw, geboren.

Im Jahre 1032 n. Chr. wurde die Kirche zu Saaz gestiftet (HS C).

Im Jahre 1037 n.Chr. starb Herzog Boleslaw, den Miezko geblendet hatte.

Kapitel 42

Am 9. November desselben Jahres starb Herzog Udalrich. Er verlor die Erde und gewann das Himmelreich! Als der bereits erwähnte Jaromir, der geblendet auf der Burg Liza saß, wie ja sein Bruder angeordnet hatte, vom Tod seines Bruders erfuhr, stand er bei Tagesanbruch auf und ließ sich von einem Fuhrwerk nach Prag bringen. Als er dort ankam, fand er seinen Bruder bereits in die Kirche des heiligen Georg überführt. Er stellte sich neben den Sarg und bewegte die Anwesenden tief durch seine Klagen: »Weh mir! Was sag' ich mehr? Weh mir! Was kann ich sonst noch sagen? Weh mir! Bruder, dich hat das bittere Verhängnis ereilt. Sieh, hier liegst du tot und freudlos! Wie auch ich am oberflächlichen Glanz irdischer Vergänglichkeit keinen Gefallen mehr finde! Vor drei Tagen noch Fürst, heute ein gefällter Baumstamm, morgen Nahrung für die Würmer, Staub von dem man nicht mehr spricht. Du hast mich geblendet und nicht wie einen Bruder geliebt und möchtest jetzt das Geschehene ungeschehen machen. Ich weiß, wenn du könntest, würdest du mir das Augenlicht zurückgeben, da dir jetzt Untat wie Wohltat klar vor Augen stehen. Doch Bruder, ich verzeihe dir jetzt von ganzem Herzen. Möge dich nun der allmächtige Gott in Gnaden verschonen, möge dein Geist nun im Frieden ruhen!« Nach Abschluß der traditionellen Leichenfeierlichkeiten nahm er Bretislaw, den Sohn des Bruders, an der Hand und führte ihn auf den Herzogsthron. Wie immer bei einer Herzogswahl wurden jetzt aus den oberen Palastfenstern 10000 oder noch mehr kleine Münzen unter das Volk geworfen, damit dieses das Geld aufhebe und nicht den Herzog auf dem Thron erdrücke. Als nun der Herzog auf dem Thron Platz genommen hatte und Ruhe herrschte, ergriff Jaromir die rechte Hand des Brudersohnes und sprach: »Seht, euer Herzog!« Alle riefen darauf dreimal »Krlessu!«, das heißt: »Kyrie eleison«. Und wieder erhob Jaromir seine Stimme und sprach zum Volk: Es mögen hervortreten, die aus den Geschlechtern Muncia und Tepca stammen!«, und er rief alle namentlich auf, die er als tapfer, treu, mächtig und reich in Erinnerung hatte.

Als er sicher war, daß alle hier versammelt waren, sprach er: »Weil ich – bedingt durch mein Schicksal – nicht euer Herzog sein kann, bestimme ich euch diesen, und ich wünsche, daß ihr die dem Herzog und Fürsten gebührende Treue und Gefolgschaft leistet. Dich mein Sohn, ermahne ich – und ich werde das immer wieder tun – daß du diese wie Väter verehrst und wie Brüder liebst und immer ihren Rat suchst. Diesen übertrage die Regierung der Städte und des Volkes, denn sie waren, sind, und werden immer und in Ewigkeit die Grundfesten Böhmens sein. Die Wrissowici, die übelgesonnenen Söhne schlimmer Väter, innerböhmische Feinde unseres Geschlechtes meide wie ein mit Fäkalien beschmutztes Rad, nimm Abstand von ihrer Gesellschaft, da sie uns niemals treu gewesen sind. Sieh, mich, der ich unschuldig, aber immerhin ihr Fürst war, haben sie gefesselt und schimpflich behandelt. Dann erreichten sie durch die ihnen angeborene Verschlagenheit und Hinterlistigkeit, daß mein Bruder mich, seinen eigenen Bruder, blendete. Denke, mein Sohn, immer an die Prophezeiungen des heiligen Adalbert, der mit berufenem, heiligem Mund verkündete, daß wegen ihrer Grausamkeit dreimal ein gewaltsamer Tod über sie kommen werde und die Kirche sie exkommunizieren werde. Daß das, was schon zweimal über sie kam, jene auch noch ein drittes Mal heimsuchen wird, dafür sorgt das Schicksal!« Als aber jene dies hörten, packte sie im Innersten der Zorn und sie knirschten mit den Zähnen gegen ihn, wie es sonst nur die Löwen gewohnt waren. Wenige Tage später schickte Kochan, von dem wir schon berichtet haben, einen Diener, der den Blinden, der sich nachts gerade auf dem Abort befand, mit einem scharfen Dolch von hinten mitten in das Herz stach. So starb der gerechte Herzog Jaromir am 4. November 1038 (i.e.: 1034).

Hier schließt jetzt das erste Buch, das von der Frühzeit berichtete. Da man aber, wie der heilige Hieronymus schon sagt, unterschiedlich berichtet, je nachdem, ob man etwas selbst erlebt oder gehört hat, oder aus der Überlieferung kennt, – man überliefert das besser, was man genauer weiß – so möchten wir jetzt mit Hilfe Gottes und des heiligen Adalbert erzählen, was wir selbst gesehen oder von glaubwürdigen Augenzeugen erfahren haben.

Personenregister (nach Kapiteln)

Abkürzungen:

Böhmer R. I.	Regesta Imperii, begr. von J. Fr. Böhmer
Horaz, Epist.	Horaz, Epistolae
Horaz, Sermon./Sat.	Horaz, Sermones bzw. Satirae
Jaffe, Reg. Pont. Rom.	Jaffe Ph., Regesta pontificium Romanorum, Neudr. 1956
Migne, Patrol. Lat.	Migne J. P., Patrologia latina 1844/55
Vergil, Aen.	Vergil, Aeneis
Vergil, Eclog.	Vergil, Eclogae
HS	Handschrift